MAMAN À MOI

www.editions-jclattes.fr

Valérie Bonneton

MAMAN À MOI

JC Lattès

Collection fondée par
Isabelle Sorente et Clara Dupont-Monod

Couverture : © The Duke
Photo intérieure : © Olivier Roller

ISBN : 978-2-7096-7007-4

© 2022, éditions Jean-Claude Lattès.
Première édition : septembre 2022.

*Pour mes merveilleux enfants, Joseph et Marguerite.
À ma très chère Nana.*

Connaissez-vous Nadine ? Non, bien sûr. Vous n'êtes pas un chien.

Moi, j'en suis un. Bichon maltais, la race des seigneurs. Je vis dans un chenil entouré de vert, avec ma mère Greta, mes cinq frère et sœurs, et Nadine.

Nadine s'occupe de nous. Elle répète souvent que notre père était un champion, donc elle n'aura aucun mal à nous vendre. Elle laisse entendre que nous, bichons maltais, et moi en particulier, sommes de magnifiques spécimens. Chaque jour, elle dépoussière avec fierté son buffet où trônent les différentes coupes de championnats canins qu'elle a gagnées. J'observe souvent les photos au-dessus de ces trophées. Bichons au pelage très long, rectitude capillaire sans déviation, telle une robe de mariée agrémentée d'un nœud rose. Poils frisés en grosse boule, englobant les oreilles, buste, pattes, sorte de buisson taillé comme un nuage, particulièrement disgracieux. Pelage mi-long, recouvert d'un tutu de danseuse... Où se trouve Gigi, mon père ? Les conquérants ne portent pas de tutu. Je pense souvent à lui. Quel héros fut-il pour mériter un prix ? Qu'a-t-il bravé ou conquis ? Je dois le savoir, la réponse est en moi, sûrement.

J'attends toute la journée d'être adopté. Compte tenu de mon potentiel, il est hors de question que je moisisse ici avec Nadine, une éleveuse certes de bon goût, mais qui n'a pas l'étoffe d'une meneuse. Greta, ma mère biologique, aura la grandeur d'âme de me laisser partir. Elle a flairé l'avenir qui s'ouvre à moi. Elle n'en doute pas. Si l'humilité est ma devise première, j'ose l'affirmer : je suis un champion.

Lorsque Nadine aère la pièce, je sens le vent. Par la fenêtre, des feuilles bougent. On dirait qu'elle les a posées là pour nous distraire, mais lorsque j'approche mon museau, je vois une foule d'arbres et de feuilles. Elle a vachement bossé, Nadine. Tout ce vert, elle l'appelle « Fontainebleau ». Je m'imprègne des effluves délicieusement moisis et frais de ce vert. Des notes de terre ragaillardissent mes narines.

Un matin, j'entends un bruit que je connais. Un moteur, puis un claquement de portière. Souvent Nadine nous dit : « Je reviens. » Elle part en voiture et nous rapporte des croquettes. Cette fois-ci, je ne reconnais pas son pas. J'entends toutes sortes d'enjambées sur le gravier, des petites, des grandes. Et puis des voix. Je perçois certains mots (« Bichons maltais »… « mignons »… « chèque ou espèces »…)

Ils sont trois.

Ils s'approchent. Une femme échevelée tient par la main deux enfants : un garçon et une fille, environ sept et cinq ans. Je l'entends

Lucy et Stan ». Elle est brune, mince et mal coiffée. Elle a l'air d'avoir perdu ses clefs ou son portable. Elle avance vers moi en courbant légèrement le dos, comme une demande. Je la renifle. La détresse a une odeur. J'aime Maman aussitôt, follement. Je l'appelle instantanément « Maman », ça ne se discute pas, je suis né pour elle.

Les enfants m'observent. Ils sont calmes et m'évoquent deux coussins moelleux. Croquette, le labrador de Nadine, vient saluer tout le monde. Lucy, si petite, n'a pas peur du grand chien, elle se précipite pour lui faire un immense câlin. Son frère Stanislas la rejoint. Ils aiment profondément les animaux. Je le sens.

J'ai donc immédiatement reconnu Maman. Nous avons l'un et l'autre ce même désordre capillaire. Le même sourire aussi, mais le mien se dessine dans mes yeux. (En la reniflant de près, je reconnais – comme chez moi – la générosité, la bienveillance et la modestie, bien sûr.)

Je tombe fou amoureux dès la première seconde. Je n'ai pas peur et me dirige vers elle.

Aussitôt elle s'agenouille pour se mettre à ma hauteur. Sa voix si délicate, sa main douce et son odeur, que je n'oublierai jamais. Gravée dans ma mémoire olfactive. Une odeur de viande maturée douze mois d'âge, entrecôte à la cheminée plus précisément, parfaitement saisie et cuisinée avec un soupçon de romarin. Elle doit avoir un bout de gras collé sous la semelle de ses chaussures. Seigneur Dieu qu'elle sent bon. En arrière-plan, des reflux de la même viande, du limousin sans doute, venant des enfants, me montent aux narines.

J'aime cette famille.

On ne va pas se voiler la face. L'entrecôte, c'est ma religion. Je pense que tous les dieux sont dans l'entrecôte, un peu comme les Indiens qui considèrent que la vache sacrée contient toutes les divinités.

Par respect pour mes ancêtres, et désormais pour rendre Maman heureuse, mon seul but dans la vie est de choper une entrecôte.

Comme elle est belle lorsqu'elle prononce ces mots : « On le prend. »

Qu'elle est intelligente et drôle lorsqu'elle répète encore « on le prend ».

VA-LÉ-RIE. VA-LÉ-RIE, elle s'appelle, mais pour moi c'est Maman.

De la bouche de Nadine sortent des chiffres. Maman n'est pas d'accord avec mon montant. Visiblement je coûte cher. C'est normal, l'excellence n'est jamais bon marché. TVA, liquide, frais annexes. Maman trouve que mon prix a augmenté depuis leur dernier échange au téléphone et tente de me renégocier.

Mais face aux regards des enfants et au surtout au mien, elle cède.

Les larmes aux yeux, tout en vérifiant discrètement la somme inscrite, Nadine nous fait un grand au revoir.

Sur le siège arrière, assis entre Stan et Lucy, je me sens bien. Les enfants veulent me couvrir de caresses, mais Maman suit scrupuleusement les consignes de Nadine. Les câlins, à petite dose pour ne pas m'effrayer. Les effluves de l'entrecôte et les vibrations de la voiture me bercent. Maman se trompe de route. Elle a l'air perturbée. Je vois bien que son étourderie ne l'ancre pas dans le réel. Je sens que je vais réparer quelque chose, que la famille a été secouée et qu'elle se ressoudera autour de moi. C'est ma place, ma fonction. Maman s'est bien bagarrée, elle est un peu fatiguée. Je veillerai sur elle.

Je n'étais jamais monté dans une voiture. La voiture, c'est fou. Ça sent le tiède et l'humain, pourtant ça ronronne comme un chat. Ça roule et on voit passer des bus, des chiens. Nous quittons l'élevage pour nous rapprocher de la civilisation. La ville c'est beaucoup de ciment, qui ressemble au sol de chez Nadine, et un peu de Fontainebleau au coin des rues. Je ne ressens aucune nostalgie. Je pense à peine à Greta. Ma vie commence ici.

Devant la porte de l'immeuble, Maman cherche ses clefs. Stan me porte dans ses bras. J'éternue, je ne suis pas habitué à ces poils en forme de pull qui piquent. Dans l'entrée, il me pose au sol et m'encourage à monter les marches. « Allez, tu ne montes qu'un étage. »

J'essaie de gravir la première marche. J'avoue, c'est pas facile. Et Nadine qui ne m'a pas prévenu. Rien, elle ne m'a rien dit. Elle donne des recommandations à Maman mais moi, aucune notice. J'ai des capacités d'adaptation, mais quand même. Première fois que je vois un escalier et en plus il faut le monter.

Je fais un effort surhumain pour gravir cette falaise… Je n'y parviens pas. Je suis ce qu'on appelle un « petit » chien, mes pattes sont en proportion avec mon buste et donc trop courtes par rapport à la hauteur des marches. J'évalue l'obstacle et me lance du mieux que je peux. Un petit bond. Trop court. Pourtant mes muscles arrière sont tendus, je sens leur force ramassée, leur puissance d'athlète, je saute à nouveau. Raté.

Je m'assieds. Je capitule. C'est important d'avouer ses faiblesses tout de suite. Après, on est moins crédible. Lucy a du cœur et veut me porter. Mais Maman refuse et prend les devants. Femme de tête ! Elle a maintenant au moins six marches d'avance. Je suis en panique. L'idée de la voir s'éloigner décuple mes forces. Je visualise ma carrure de champion, prends mon élan. Je l'ai. Je grimpe la marche, puis deux puis trois. C'est super facile, en fait.

J'ai vraiment le mental de Papa, un mental de vainqueur.

En plus, je sens sous mes coussinets une matière moelleuse et douce, un peu comme le ventre de Greta. Il y a du ventre de Greta sur toutes les marches, jusqu'en haut des escaliers. Hyper doux… Les humains appellent ça « la moquette », qui sonne avec croquette. Je valide.

Quatrième et dernier étage dans les bras de Stan.

Quelle est cette délicieuse odeur de cuisine ? Des saveurs que je ne reconnais pas.

Dans l'appartement, pas de ciment comme chez Nadine, ni de moelleux des marches, mais du bois en lanières avec plein de choses à sentir entre les fentes. Je m'avance doucement et renifle tout. Tant de nouvelles odeurs, je ne sais plus où donner de la narine. L'espace est beaucoup plus petit que celui de chez Nadine. Tant mieux, Maman ne sera jamais loin. Je suis dans une pièce qui sert à la fois de cuisine et de salon. Je vois le dos de Maman qui s'affaire. Soudain je me fige, foudroyé par un parfum inconnu. Quel est ce délicieux fumet qui convoque mon appétit ? « Poulet au curry vert », annonce Maman en se tournant brièvement vers moi, avec un léger sourire.

J'explore la chambre, celle de Maman puis celles de Stan et de Lucy.
Je découvre chaque pièce en me demandant si des Nadine y vivent, ou des Greta, mais non, je suis le seul animal.

***

Depuis quatre nuits je dors dans la chambre de Maman. Selon les recommandations de Nadine, je devais dormir les premières fois au pied de son lit, dans un panier confortable, avant d'élire domicile dans la cuisine ou le salon. Pour que Maman me garde toujours dans sa chambre, je peaufine une stratégie et m'entraîne à travailler mes regards. J'essaie les expressions les plus touchantes, je crois que je suis doué. Un bon acteur. J'ai établi ci-dessous la liste de mes regards expérimentés, au franc succès.

— Regard numéro un : suppliant teinté de mélancolie, avec les oreilles et la queue basses. Destiné à éveiller la culpabilité chez mon adversaire, afin qu'il craque et exauce mon désir. S'il résiste, ajouter un soupir qui ressemble au dernier, accompagné d'un léger tremblement thoracique. Dernier recours pour obtenir gain de cause. À ce jour, mon arme la plus puissante.

— Regard numéro deux : rieur, empli de joie, assorti de vibrations du corps et de remuements de queue. Ça, c'est pour voir ma famille heureuse.

— Regard numéro trois : ouvert et disponible. Tenue du corps naturelle et distinguée. Décontraction, aisance, maintien. Se conduire comme un « gentledog », dans le but de séduire tout le quartier.

— Regard numéro quatre : débordant d'orgueil, pupilles légèrement de biais. Accompagné d'un profond soupir exaspéré puis d'un mouvement de tête vers la droite. Objectif : obtenir la paix.

Attention : varier toujours chaque regard. Ne jamais chercher à les reproduire à l'identique. L'art canin consiste à contrôler la situation tout en sachant s'abandonner. Rien de pire que le savoir-faire. Et bien sûr, toujours la même devise : l'humilité.

Hier soir, j'étais en situation. Lucy a voulu me faire goûter un Apéricube, ce carré de fromage au parfum envoûtant. Maman a refusé. Je me suis mis en tête de l'obtenir par tous les moyens.

J'ai fixé Maman de mon regard numéro deux. Elle a souri : « Non ». Je me suis ridiculisé. Je crois que j'ai abusé. J'en ai trop fait. J'aurais dû commencer par le regard numéro un. Il y a des paliers à respecter, c'est sûr. Bien jouer, ce n'est pas cabotiner. Il s'agit d'incarner, et je sais de quoi je parle, dans « incarner » il y a « carné », comme la viande, et l'entrecôte c'est mon rayon (oui, on peut être chien et avoir de l'esprit). Donner corps au personnage, c'est donner chair. C'est être soi-même tout en s'oubliant. Le secret, c'est de ne pas avoir peur d'être qui on est, d'exister. La peur empêche tout. Et c'est pareil dans la vie. Il faut garder sa spontanéité. Nous les chiens, on a de la chance, nous sommes des êtres d'élans bruts, instinctifs, sauvages. Une beauté de force primaire. Il suffit de me regarder.

Mais cette fois, j'en ai trop fait. Ça m'a direct angoissé. Et si Maman avait des doutes ? Si elle ne voulait plus me garder ? Et si elle me négociait à la revente ? Je me tourne vers Lucy. Mes yeux se plantent dans les siens. Je m'applique. Je n'ai rien à perdre. À ce niveau-là c'est de l'horlogerie du regard. Chaque nuance est capitale. Je l'observe avec un soupçon de mélancolie (regard numéro un), un voile de tendresse, et j'improvise un fond de regard de chien de fourrière. Certes pas glorieux, mais efficace.

« Oh Gaston, il est tellement mignon », souffle Lucy. Je me détends. Je gagne du terrain. C'est en entendant le rire de Maman

que j'ai senti son cœur chavirer. Gagné !
À moi l'Apéricube !

Je ne me souviens plus très bien de la suite, sauf d'une matière molle dans la bouche, suivie d'une explosion de parfums ensorcelants. Quelque chose qui arrive droit au paradis des chiens, à quasi-égalité avec l'entrecôte. Pareille saveur, est-ce possible ?

En tout cas, je confirme, pour être convaincant, il faut gagner en économie de jeu et garder toujours une petite fenêtre ouverte sur l'improvisation. Moins j'en fais, plus c'est payant.

Mais si j'ai déjà gratté quelques nuits grâce à mes talents d'acteur, ça ne me suffit pas. Je veux plus de Maman. Je veux tout. Le soyeux de ses oreillers, qui change du panier et du ciment de l'élevage, son odeur, la douceur de ses draps. Je sais que dans son lit c'est « interdit ». M'en fiche, un jour je l'obtiendrai.

Maman est ma quête, ma croquette, mon Apéricube. Elle est exceptionnelle : d'abord elle se tient debout ! Elle a une voix et un chéquier pour m'acheter. Elle a des défauts, bien sûr : je ne peux pas renifler son ventre, elle n'a pas de poils, ou trop peu... Je la vois marcher, elle n'a que deux mollets, mais Dieu qu'ils sont beaux. Je l'écoute parler, je suis envahi d'amour. Tant pis, il faut qu'elle comprenne, je vais lui dire que je veux dormir avec elle. Je gratte sur son lit, j'éternue, la fixe... Comment lui transmettre mon besoin d'elle ? Soudain, un son étrange sort de ma gueule : « WHEAAAA ! » Un « wha » est sorti ! Qui a roulé depuis mon ventre, avancé dans ma gorge, un son guttural, un appel... Un drôle de bruit, je recommence : deux « wha » cette fois-ci ! Maman a posé les assiettes, appelle les enfants. Ils sortent de la chambre. « Ça y est ! Il a aboyé ! » Trois visages forment une corolle au-dessus de moi. Ils attendent que je récidive.

Malheur. Rien ne sort. J'essaie mais je n'y arrive plus. Rien de rien. Je récapitule : quand un son sort de ma gorge, c'est la fête. Maman et les enfants m'entourent. Si c'est aussi simple, je vais aboyer tout le temps. Si j'y parviens à nouveau...

« C'est pas grave, Gaston ! » murmure Stan en me grattant la tête.

Si je n'arrive pas à aboyer tout de suite, je veux plaire. Je fais mon regard numéro deux. Celui de la joie, qui m'emplissait tout entier quand Nadine ouvrait les fenêtres de Fontainebleau. Je communique mon allégresse. Maman perçoit cette joie tout de suite. Je sens un flux d'énergie qui la traverse, d'infimes vibrations pleines de gaieté.

Elle en a besoin. Parfois, elle s'assied à la table de la cuisine, couverte de feuilles qu'elle appelle « factures ». Son front se plisse. Je sens qu'il ne faut surtout pas la déranger. Elle marmonne des chiffres comme quand elle m'avait négocié chez Nadine. Pourvu qu'elle ne cherche pas à me vendre. Je prie pour qu'elle me garde.

***

Je me demande où est le papa. Visiblement il n'est pas là. Eh bien, ce sera donc moi qui veillerai sur Maman. Je serai le repos de la guerrière, l'épaule sur laquelle elle pourra désormais se reposer. Je serai son homme.

Très vite, je m'adapte au rythme de la famille.

Aller-retour à l'école avec les enfants, la laisse qui s'emmêle tous les matins dans les jambes, Lucy qui a une envie urgente d'uriner, pas d'autres choix que de s'accroupir entre deux voitures, je l'encourage et fais de même.

Dans la rue, mon champ visuel est assez limité. Je vois surtout des pieds. J'en apprends beaucoup sur eux, ils sont une mine d'informations. Un pied, c'est un pas, et un pas c'est la vie qu'on mène. Je ne m'en lasse pas car ils sont tous différents. Des timides, orteils en dedans. Des va-de-l'avant, qui ne s'arrêtent pas. Des joyeux, qui sautillent. Des paresseux qui traînent la savate. Je suis épaté de penser que chaque chaussure a pu trouver son pied. Quand j'ai trouvé Maman, c'était la chance. Mais tous ces souliers et ces pieds ? Comment ont-ils fait pour se retrouver ? Je deviens un spécialiste en la matière : tennis, bottes, mocassins à glands. Ceux-là, j'ai du mal. Pour moi, le mocassin à glands est la chaussure anti-séduction par excellence. Et en matière de séduction, je m'y connais. La *derby* en cuir, un peu brillante et pointue, est très décevante aussi. Chez les femmes, je n'ai pas de passion pour les ballerines, qui m'angoissent. Elles me rappellent le mercredi quand Maman et moi allons chercher Lucy à la danse, on la retrouve avec ses petites camarades dans le vestiaire et toutes les ballerines sont là. Cette réunion de guimauve m'oppresse. Je me retrouve encerclé par une armée de chaussons roses et de petites mains qui veulent absolument me toucher... J'ai l'impression d'une grosse araignée mauve qui tisse sa toile autour de moi. Je déteste. J'en fais des cauchemars au moment de ma sieste de 9 heures, et celle de 14 heures. Parfois aussi celle de 17 heures.

Mes chaussures préférées, ce sont les escarpins, parce qu'ils me font penser à Maman qui en a plein, des bleus, des rouges et des noirs. Ils lui dessinent un mollet sublime. Or, après les chaussures, j'adore les mollets, en premiers ceux de Maman qui me tentent depuis toujours mais qui restent iconiques.

J'ai vraiment une passion pour tous les mollets. Ô objet de vice, qu'ils soient galbes, flasques, épais ou secs, maigres ou gros. Ils me rendent fou. J'en repère un, immobile, dans le bus. Je me dirige vers lui sans réfléchir et m'y colle avec la frénésie que donne la joie coupable. Je le sais bien que c'est interdit. D'un coup de laisse, Maman m'arrache au mollet inconnu. Maudite laisse.

Enfin seul avec Maman. Les enfants sont en classe. Notre journée peut commencer. Qu'il est bon de retrouver chaque matin les odeurs de la rue… Mon odorat est plus précieux que ma vue, je lis le monde avec mes narines. J'aime les odeurs naturelles. Par exemple, mes propres déjections, pour lesquelles j'éprouve une véritable passion. Mais aussi ce que m'offre le trottoir, ce tapis rouge des odeurs, hachis parmentier tombé d'une poubelle, sardines oubliées, vomis divers, etc. Les trottoirs regorgent de trésors. Ils me racontent des histoires. J'aime follement toutes ces odeurs, chaque fois les mêmes et toujours différentes.

Devant l'école, un groupe de parents discutent. Maman prend plaisir à parler avec eux. J'aime bien quand elle prend le temps, elle est encore plus belle, ses cheveux flottent dans le vent et je trouve qu'ils flottent mieux quand elle s'accorde ce moment, celui de déposer les enfants à l'école, profiter des odeurs, s'attarder. Certains appellent ces moments « temps morts » ou « temps perdu », quelle erreur. Nous les chiens ignorons cette notion de temps à rentabiliser. Pour nous, tous les instants sont perdus, c'est-à-dire gagnés.

Soudain une terrible odeur se dégage de ce groupe de parents. Elle monte en nuage transparent et recouvre ma truffe, comme un plaid invisible. Atroce.

Cette odeur n'est pas naturelle. Poisseuse, encombrée. Ambre-vanille. Elle évoque la collection géante de bibelots que j'ai vue sur les étagères du salon de Françoise, la grand-tante de Maman.

Une maman du groupe, plus vieille que les autres (ça se voit parce qu'elle est âgée des

mains mais tente de le cacher en se me~~~~
plein de couleurs sur le visage), dit à Maman :

« Vous êtes actrice ! Quel beau métier… si difficile… Et vous travaillez ? »

Cette question énerve Maman.

Oui, Maman est actrice. J'ai entendu Lucy le dire à sa maîtresse. Oui, c'est une artiste. Oui, je suis fier d'elle.

La femme âgée des mains vient de se baisser pour me caresser, elle sent mauvais du cou. La terrible odeur, c'est elle.

C'est vrai, Maman ne travaille pas beaucoup. Et souvent pas beaucoup du tout.

Mais ça viendra. Je suis confiant. Comme pour le trottoir, Maman a des trésors cachés en elle.

Et puis elle n'a pas la chance d'être un chien. Il faut du temps pour désapprendre et retrouver ses instincts. Nous les chiens n'avons pas à devenir chiens, nous le sommes. Mais les hommes et les femmes doivent travailler dur pour devenir qui ils sont.

« Si vous ne travaillez pas, comment faites-vous pour vivre ? » poursuit la dame. Je regarde Maman dont le corps se raidit.

Je n'aime pas ça. Ni cet épouvantable duo ambre-vanille… Je tire sur la laisse.

Sauvés.

Sur le chemin du retour, je me dis que ça devrait être interdit de porter ces odeurs, la rue n'est pas une poubelle, nom d'un chien.

***

Maman est attablée dans la cuisine avec plein de feuilles éparpillées. Ses « factures ». Front plissé. Elle ne fait plus attention à moi. Ok, je me fais discret et rejoins Lucy dans sa chambre.

« Entre, Gaston ! Tu as dix minutes de retard. Pose tes affaires et place-toi près de tes camarades. »

Lucy fait la classe à une dizaine de peluches et poupées. Elle m'installe entre Jérémie le lion et Ernest le chameau. Je me laisse faire docilement. Elle demande une minute de calme tout en mettant de l'ordre dans la classe, rangement de livres, tri de crayons de couleur, puis subitement s'acharne sur Ernest le chameau parce qu'il bavarde. Elle poursuit son impressionnante crise d'autorité avec Emma, une poupée blondasse assise au fond. Au vu du plaisir sadique que prend Lucy à punir la poupée, sa copine Emma a bien dû lui gâcher la journée aujourd'hui.

Lucy est une éponge, elle absorbe les émotions autour d'elle. Je viens me coller à elle pour la détendre. Décidément, tout le monde a besoin d'être détendu dans cette famille. Elle me câline et s'affale sur son petit pouf en moumoute blanc.

Épuisée de ses élèves, qu'elle envoie finalement jouer en cour de récréation, elle me garde seul dans la classe (je suis son chouchou), m'enfile un de ses T-shirts blancs en guise de blouse.

Je suis son assistant biologiste.

Lucy s'est mis en tête de confectionner une potion particulière. Très concentrés, nous préparons un mélange à base de terre du parc de Fontainebleau à côté, d'eau et de trois pièces de centimes d'euros. Elle remue la mixture dans un verre, marmonne une sorte de prière, les yeux fermés. Puis elle pose délicatement le breuvage en haut de son étagère.

Maman entre dans la chambre. « Qu'est-ce que c'est que ce verre sale sur ton étagère ? »

Lucy lui répond qu'il ne faut surtout pas y toucher. C'est un verre pour faire pousser de l'argent. Si on n'y touche pas, il y en aura plein.

Maman est émue, je le sais, parce qu'elle ne dit plus un mot et reprend doucement sa respiration.

***

Maman aime faire du vélo dans Paris. Elle m'emmène avec elle et m'installe dans son panier en paille fixé sur le guidon. Je peux entendre la musique qu'elle met à fond dans ses oreillettes. Petit à petit, je deviens mélomane. Je trouve que ses choix musicaux sont parfaits (Maman a bon goût en général). Ensemble, les oreilles dans le vent piquant, nous roulons rue de Rivoli, devant le Louvre, rejoignons l'Opéra. Qu'il est bon de découvrir Paris, la brise dans les poils, en écoutant

« Give a little bit » de Supertramp. Je surprends une larme qui coule de l'œil droit de Maman, est-ce qu'elle est émue comme moi en entendant « there's so much that we need to share » ? (Oui, je comprends un peu l'anglais, le fait de comprendre le langage corporel et les intonations de voix de Maman par amour me rend très ouvert aux langues étrangères.)

***

Si Maman travaille peu, elle ne se plaint pas.

Au retour de l'école, on fait la course avec Stan et Lucy, puis on joue dans le jardin près de la maison. C'est toujours consolant de retrouver un peu de Fontainebleau. Je vois dans les yeux de Maman que ces moments sont précieux. Elle se régale de voir ses enfants joyeux, de les écouter inventer mille histoires.

Il faut rentrer, les courses à faire, le bain, les repas, les devoirs. Maman veut préparer des boulettes de viande à la coriandre mais

Stan n'a pas faim. Depuis deux jours, il a mal au ventre.

Même si Maman reste légère et parle d'autre chose, je remarque qu'elle plisse de nouveau le front, comme devant les factures.

Je finis par comprendre que Maman et Stan vont à l'hôpital. Stan est malade, suivi depuis trois ans. Il faudra encore deux ans pour que le médecin prononce la guérison. Si je comprends bien, avant mon arrivée, il s'est passé des choses graves. C'est bien ce que j'ai ressenti dans la voiture au départ de Fontainebleau.

Comme moi, Lucy ressent tout, et s'est donné la mission de retirer le chagrin implanté en Maman. Souvent, elle se colle contre elle et fredonne des chansons. Maman en redemande. C'est « La romance de Paris » de Charles Trenet ou « La vie en rose » d'Édith Piaf, que Lucy chante merveilleusement bien. Quand Maman part travailler, Lucy me prend dans les bras et par la fenêtre, nous lui envoyons des baisers.

Elle multiplie les petites attentions qui réjouissent Maman. Poser sur la table un mini-bouquet de pâquerettes et d'herbes, ou préparer avec minutie son bonhomme d'habits pour le lendemain. Lucy n'aime pas les séparations. Elle déplace son émotion sur ses vêtements. Par exemple, elle ne supporte pas de devoir quitter son vieux pantalon porté, reporté et usé jusqu'à la corde. Renoncer à ce vêtement qui a longtemps gardé la trace de soins prodigués par Maman, choisi par elle ? Jamais. Je comprends si bien Lucy.

***

Ce matin au petit-déjeuner, Maman dit :
« Le médecin m'a mise en garde : quand Stan sera guéri, je ferai une dépression. Moi, une dépression ? Si Stan retrouve la santé, je serai la plus heureuse du monde. Ce jour-là, je boirai une bouteille de champagne au goulot sans m'arrêter. »

***

Stan a un caractère de chien. Comme Lucy. Il sent tout, est ultra-sensible, renifle les situations et les gens. Et comme moi, il est si joyeux, très positif, rien ne lui fait peur. Si Maman fait tomber son portable dans les toilettes du train, il est mort de rire. Si Lucy s'étale en courant dans la boue, plié en deux. Maman fait appel à un serrurier pour la deuxième fois parce qu'elle a laissé ses clefs à l'intérieur, la poilade. Mon avis : Stan a dû beaucoup pleurer pour avoir autant envie de rire. Mais il a aussi des accès de colère. Il ne gère pas très bien la frustration… Je le comprends, c'est comme si on me demandait de brider mon désir fou face à un Apéricube. À 18 heures, quand Maman lui demande de rentrer du jardin, c'est la crise. Maman lui dit : « Stan, arrête d'aboyer ! »

Il se réfugie dans sa chambre. J'adore cet endroit, il y a du bordel et toutes sortes d'odeurs, sucrées et vanillées, teintées d'ammoniaque, une note de tête aigre, de transpiration. Extase. Je me régale de chaussettes abandonnées, de miettes de gâteaux ou de viande des Grisons derrière le radiateur.

En léchant le parquet, j'ai toujours une chance de tomber sur un vieux bout de hamburger entre deux lattes ou des chips écrasées sur le sommier.

Il faut un véritable talent pour assembler avec tant d'harmonie ces molécules odorantes. Stan est un magicien des odeurs, le Garcimore de la truffe.

Ses talents ne s'arrêtent pas là : des dizaines de fils électriques, accrochés à des poulies, sont tendus de part et d'autre des murs de sa chambre. Car Stan est fasciné par la transmission du mouvement. Actionner une poignée de porte à distance le rend heureux. Il expérimente beaucoup de choses (il a créé une machine à distribuer des bonbons qu'il construit, déconstruit, reconstruit). Tous ces fils tendus ressemblent à une équation géométrique dans l'espace. Il faut se baisser très bas pour accéder à la fenêtre. Mais Maman ne veut pas retirer les fils tellement ils font la joie de Stan. Câbles achetés, récupérés d'objets usagés… Il les conserve tous, ne jette rien. Peut-être parce que ces liens lui sauvent la vie. À l'hôpital, il est fasciné par les fils différents qui pourront le guérir. Ceux qui prennent son sang, qui le soignent, qui le nourrissent... Et puis les lumières de partout, même la nuit. Maman a toujours fait confiance aux médecins et aux fils, alors Stan aussi. Peut-être que Stan a vu de la magie dans ces fils et ces lumières.

Dans la chambre de Stan, quand il allume une lampe particulière, un jet de fumée jaillit sous son lit ; s'il prononce un titre de chanson, la musique surgit de partout, avec plein de lumières de couleurs différentes. Il est spécial, Stan.

Quand Maman débarque dans sa chambre, elle prend un regard de chien battu puis se fâche.

« Stan, range-moi tout ça ! Et ouvre ta fenêtre ! »

Elle est à la limite de pleurer. Je suis ému dans ces cas-là. J'ai envie de la prendre dans mes pattes. Comme je ne peux pas, je pisse. D'ailleurs c'est toujours comme ça. L'émotion provoque la miction. Je pars dans la salle de bains, c'est vraiment là où j'aime pisser, et ensuite ça va mieux. Je sais que

Maman va s'énerver, mais au moins elle sait que je suis là, qu'elle peut compter sur moi.

La voilà. Elle entre dans la salle de bains. Ah non, bizarre, elle ne s'énerve pas. Elle regarde ma flaque en souriant puis elle coule comme Greta avec ses mamelles, mais là, c'est des yeux. Il faut la comprendre, Maman. La maladie de Stan, les factures, le travail qui n'arrive pas, toute cette charge quotidienne, c'est difficile.

Parfois, elle s'affale sur le canapé et ne dit plus rien. Quand Maman arrête de parler aussi longtemps, c'est inquiétant. J'ai peur qu'elle ne retrouve plus jamais la parole. Les enfants ne sont pas tranquilles. Ils installent une corbeille de fruits au milieu de la table ou rangent impeccablement leur chambre. Eux aussi doivent avoir peur qu'elle les renégocie à la vente.

Je n'en mène pas large. Je m'approche d'elle. Elle ne me voit pas. Ses yeux me font penser à deux escarpins abandonnés sur le trottoir. Je vais retrouver leur pied et les rechausser, parce que sans Maman je suis foutu. Je réalise à l'instant à quel point j'ai de la chance de l'avoir rencontrée. Qui serais-je aujourd'hui ? Je suis Gaston ce chien joyeux, vif et charmant, altruiste, humble et généreux grâce à elle, et vice versa. Des femmes et des chiens peuvent se rater toute une vie alors qu'ils étaient faits l'un pour l'autre ? Cette pensée me fait froid dans le poil. Je m'avance près d'elle et lui fais une léchouille sur la main. C'est radical. Elle a un sursaut, sourit et me prend dans les bras en me disant plein de choses délicieuses :

« Mon petit chéri, ma tartine de joie, heureusement que tu es là. »

Je la sens se détendre, s'éclairer, les pulsations de son cœur ralentissent. Je ne suis pas arrivé dans cette famille par hasard.

Je regarde les enfants en remuant la queue, ce qui veut dire : « C'est bon, on ne sera pas renégociés. »

***

Les jours suivants, pour faire plaisir à Maman, je m'entraîne à aboyer. J'en fais une affaire personnelle.

MAMAN À MOI

Ça y est, j'aboie ! ! J'aboie ! J'a-boie ! Et j'adore ça. Dehors, si je croise un petit enfant trop mignon je lui aboie dessus, il part en courant, c'est joyeux. Seul, quand je m'ennuie à la maison et que j'ai terminé de détruire les chaussettes qui traînent, ou de retirer les yeux des peluches de Lucy. J'ai l'impression que les voisins adorent quand j'aboie. Je le sais parce qu'ils me le font savoir. Ils tapent très fort et longtemps au plafond pour manifester leur joie.

J'aboie aussi quand Maman rentre des courses. Plus j'aboie, plus je vois des éclairs dans ses yeux, une fureur, une forte transpiration qui dégouline de ses tempes. Mon Dieu qu'elle est belle. Sa voix aussi est différente. Elle dit : « Attends, je pose mes courses. » La voix de Maman est plus profonde et rauque. Tellement sensuelle.

« Attends, je pose mes courses. »

Ce soir, dans mon panier, je me repasserai cette phrase en boucle :

« Attends, je pose mes courses. »

En attendant, sa voix est dure.

« Stop, Gaston. Arrête d'aboyer. »

MAMAN À MOI

Hein ? Faut aboyer ou pas aboyer ? Je regagne mon panier, désemparé.

***

Tout le monde me prend dans les bras. Les amis de Maman qui viennent à la maison, Sonia, Agathe, Carine, Suzelle, Florie, Lydia, Guillaume. Je me laisse faire. Et puis Stan et ses amies, Marie et Estelle, avec lesquelles je joue beaucoup. Visiblement Stan n'avait pas joué depuis longtemps... Et puis beaucoup d'amis de Lucy. Ces petits enfants sont mon ennemi numéro un. Ils m'attrapent brutalement, me tirent les poils, me déguisent. C'est vrai que je suis attirant. C'est certainement dû à mon physique rare. Je suis le mariage de la beauté et du charme, comme dit Maman, assez petit pour me cacher dans un petit sac ou me confondre avec les peluches de Lucy. Ma truffe noire est tellement appétissante qu'on aurait envie de la râper dans un risotto onctueux ; mes yeux ténébreux contrastent avec mon poil long blanc immaculé. Je ressemble à un pull blanc du dernier chic. Assez poilu pour me faire des couettes ou de petites tresses, ou me faire une coupe « baby », la coupe branchée des chiens très nature, cool. Les enfants me mettent un maillot de bain, des lunettes de soleil, une salopette, des chaussons chaussettes, on me promène en poussette ou plutôt dans le berceau roulant de Titi, la poupée de Lucy. Je fais semblant de dormir, j'accepte le biberon. Je prends sur moi. Le petit voisin du dessous, Corentin, huit ans, qui se fait souvent battre par sa mère, vient se réfugier chez nous. Régulièrement, on entend de leur appartement des cris, des pleurs, des menaces. La mère élève seule ses trois enfants, elle est à bout. La dernière fois, elle a menacé Corentin de l'ébouillanter. Maman dit qu'elle va bientôt appeler les services sociaux. Elle nous demande d'être patients et tolérants avec Corentin. La dernière fois, il m'a tiré deux fois la queue. J'ai juste grogné.

***

Maman, Stan et Lucy dînent d'une entrecôte purée. Je me planque sous la table parce que Stan ou Lucy me lancent toujours un ou deux bouts en cachette. On a l'habitude. Maman ne voit rien.

J'en profite parce que c'est rare que Maman cuisine de la viande rouge. Là, elle veut que Stan prenne des forces.

Elle lui demande de manger un peu. Mais Stan part précipitamment aux toilettes pour vomir ses quelques bouchées. Il a une gastro depuis trois jours, accompagnée de maux de tête. Le front de Maman se plisse.

***

Florette, c'est la chienne que je croise de temps en temps. Un bichon maltais, elle aussi. Elle a des oreilles d'un rose transparent, d'une rare féminité, et des yeux pleins de couleurs. Elle se met sur le dos pour jouer. Je peux voir son ventre. Elle a un joli tapis. Je m'amuse avec elle. Nous nous promenons avec Maman, Lucy et Laura, la maîtresse de

Florette. Tout près, il y a un parc plein de Fontainebleau. Maman s'exclame :

« Ça sent un matin de campagne, mon chien, non ? » J'inhale les odeurs d'herbes coupées, et salue le magnifique parterre de fleurs qui nous accueille à l'entrée du parc. Maman renifle le parfum des jonquilles qui s'inclinent pour me souhaiter la bienvenue. À côté d'elles, les vieux géraniums, indétrônables, sont au garde-à-vous. Ils jalousent les primevères épanouies, collées à eux, plus belles et plus tendres. Je chuchote à Lucy :

« Les géraniums se battent pour être les plus beaux. Je vois bien qu'ils veulent la place pour eux seuls. »

Lucy, qui n'a pas peur du scandale, parle fort :

« Allons, les fleurs, pas de disputes. Aucune d'entre vous n'est la plus belle. Une fleur n'est jolie que parce qu'elle est à côté d'une autre. C'est l'harmonie qui compte… Je ne veux plus rien entendre. »

Nous quittons le parterre et ne faisons pas trois pas que monte derrière nous un râle. Ce sont les fleurs qui se plaignent. Lucy se retourne et, d'un geste du doigt sur la bouche, fait :

« Chuuuut ! »

On n'entend plus rien, à peine trois mouches qui ricanent.

Les fleurs ne m'intéressent plus maintenant. Je vois l'immense terrain vert. J'ai envie de courir à travers le Fontainebleau, mais Maman m'en empêche.

Un panneau prévient : « Interdit aux chiens ». Quelle idée ! Imagine-t-on « Interdit aux oiseaux » ? Maman me cache dans un petit sac pour avoir la paix dans le taxi, le train, le restaurant, et maintenant le Fontainebleau. C'est quoi cette vie de chien, sans arrêt caché ? Et si la situation s'aggravait ? Si on ne voulait plus de nous, les chiens ? Parce qu'informatiquement on est nuls, qu'on ne sait pas se servir d'un marteau-piqueur ou qu'on ne sait pas dresser des PV, on pourrait se débarrasser de nous… Comble du désespoir, on me séparerait de Maman ? Pour ensuite nous parquer, Florette, moi et les autres chiens, dans un ailleurs… Sans Apéricube ni entrecôte ?

J'ai trop d'imagination.

***

On sonne à la porte. J'ai reconnu son pas depuis la rue. Un pas léger et pressé de nous retrouver. C'est Sonia, qu'on appelle Nana. Elle est souvent à la maison. Nana est notre voisine du premier étage, mais beaucoup plus que ça. C'est Stan qui a soudé le lien.

Sonia invitait souvent Stan et Lucy à venir voir ses deux petites perruches.

Quand Maman cherchait ses enfants, ils étaient souvent chez elle, perchés sur le petit escabeau pour observer les oiseaux de près. Maman s'attardait alors à boire un café avec Nana.

Quand Stan est tombé malade, Nana a tout de suite été présente. C'était un bol de soupe ou des artichauts farcis retrouvés devant la porte quand Maman rentrait de l'hôpital le soir, ou alors un petit cadeau pour Stan accroché à la poignée de porte.

Stan a senti que Nana avait dû, elle aussi, beaucoup souffrir pour être si sensible. Il a pris la main de Maman puis celle de Sonia, les a mises ensemble et a déclaré :

« Vous deux, vous êtes amies pour toujours ».

Depuis, elle est la marraine de Stan et de Lucy. Elle est si joyeuse. Elle a un mari et des enfants qu'elle adore. Jean, son mari, est tellement âgé qu'on ne sait jamais quel âge il a. Il est passionnant parce que très cultivé. Quand il raconte une histoire simple, il remonte aux origines de la France. Comme par exemple quand il rencontre un ami dans la rue en allant chercher une baguette. Ils discutent de la qualité de la mie de pain. Dans la bouche de Jean, le récit s'étoffe… Il se retrouve à parler d'Antoine-Stan comte de Horn, un aristocrate qui fut roué vif en place de Grève parce qu'il avait commis un crime sordide sous le règne de Louis XV. Il a tellement de choses à dire qu'il faut s'armer de flegme pour l'écouter jusqu'au bout. Jean est aussi très patient quand il s'agit d'amuser Stan. Ils partent tous les deux le soir faire du vélo dans Paris. Stan enfile toujours son costume de Superman que lui a offert Maman pour son anniversaire. Ils vont jusqu'à la tour Eiffel et prennent des photos d'eux tout en haut. Ils redescendent sur les quais pour voir passer les bateaux-mouches et faire de grands signes aux touristes. Stan adore ce rituel. Quand les touristes l'applaudissent, il sourit, comme n'importe quel petit garçon, comme si la maladie n'avait pas frappé.

Nana a soixante-douze ans. Elle est toujours belle. Élégante, parée de beaux bracelets qu'elle ne quitte jamais et qui font cling-cling. Ses ongles, peints de couleurs acidulées, ressemblent à de petits bonbons. Ridée quand même, un peu molle des bras, mais je m'en fiche, son regard est si beau, il se répand comme un fluide lumineux sur son visage et son corps. Elle garde très souvent Stan et Lucy quand Maman est dans la mouise, lorsqu'elle travaille, ou lorsqu'elle a rendez-vous chez le dentiste.

Quand elle nous quitte, je me console en reniflant son parfum sur le canapé. Des effluves d'épices, un peu comme celles que met Maman dans ses plats, de mousse de

Fontainebleau et de croûte d'oranges. Ce parfum délicat l'accompagne, il lui sert de vêtement, ou de doudou, pareil à mes croûtes de fromage planquées sous mon panier.

Nana donne une petite boîte de bonbons à la fraise « les Anis de Flavigny » aux enfants qui partent l'engloutir dans leur chambre. Elle s'installe sur le canapé, toujours à la même place, à gauche, et Maman à droite. Maman a besoin de parler de façon frénétique sans s'arrêter :
« Pourquoi Stan ne mange rien ? Pourquoi cette gastro dure encore ? Pourquoi ces maux de tête ?

Je ne dois pas m'inquiéter, parce qu'il le sentira. Surtout ne pas m'inquiéter. Et puis, il n'est pas si fatigué, franchement beaucoup moins qu'au moment où sa maladie s'est déclarée. Quand je pense que je ne voulais rien voir… À la sortie de l'école, je devais le porter tellement il était épuisé. J'ai cru que c'était normal, à quatre ans… »
Nana et moi hochons la tête.

« Surtout ne pas m'inquiéter. Je repense toujours à ce jour : Stan, allongé sur son lit qui me dit : "je vais mourir, Maman". Et moi, "Pourquoi tu dis ça ?"

Quelques jours après, Stan saigne du nez. Ça n'arrête plus. Le médecin de nuit vient, l'ausculte, baisse les yeux et décrète que ce serait plus prudent de l'emmener à l'hôpital. Tout de suite, en ambulance. Moi, quelle andouille, je me dis, en effet, c'est plus sympa l'ambulance, plus confortable. Je ne m'inquiète pas. Pourtant je devrais ouvrir les yeux, je vois bien qu'il faut porter Stan de plus en plus souvent tant il est faible. Bref, nous partons tous les trois en ambulance, sans inquiétude. »

Je pense : ah tiens, voilà le père. Et aussi : à ce moment, Lucy n'est pas encore née.

« L'interne qui nous accueille nous propose toutes sortes d'examens. Je me dis qu'il est jeune et qu'il s'entraîne pour se faire la main. Il verra bien que Stan manque surtout de vitamines et certainement de fer, nous sommes à tendance végétarienne ces derniers temps.

Toute la nuit, en attendant les résultats, avec le père de Stan, on fait des blagues. Je regarde ma montre, déjà 5 heures. Si les résultats arrivent aussi tard, ce n'est pas très embêtant, j'enchaînerai directement avec le marché. Je fais la liste des courses dans ma tête : un kilo de tomates, un autre de patates, non deux kilos finalement, du cabillaud, et puis des pommes, combien ? On frappe à la porte.

L'interne entre et d'une voix basse nous demande de le suivre. Stan dort.

Dans son bureau, assis face à nous, il nous annonce d'une voix encore plus basse que Stan a une leucémie.

Nous ne prononçons pas un mot. Les murs s'effondrent comme du sable. Le bureau se dissout, l'hôpital est réduit en poudre. Petite, j'avais appris qu'une petite fille de ma classe avait une leucémie, puis elle est morte.

Tout mon corps tremble. Mes dents claquent. J'ai la certitude que je ne survivrais pas s'il arrivait quelque chose à Stan. Je prends conscience que sa naissance est la plus belle chose qui me soit arrivée. (Lucy n'étant pas encore née, je ne pouvais pas env ger qu'un amour aussi fort puisse se vivre au carré.) Difficile de l'avouer à son père, mais Stan est l'amour le plus pur qui me soit donné.

J'entends à peine les mots du médecin : "Examens approfondis…", "Peut-être une bonne maladie…, guérissable à quatre-vingts pour cent." Son père me regarde dans les yeux :

"Écoute ce que dit le docteur, on va le sauver."

Je regarde par la fenêtre. Le jour se lève. C'est une apparition, à croire que le ciel a appuyé sur un interrupteur, la lumière inonde le bureau. Ce jour m'annonce une vérité aveuglante : nos prochaines années seront un parcours d'obstacles, ils auront une odeur d'hôpital, de traitements, d'attente, et d'inquiétude qui ne me quittera plus.

Nous devons réveiller Stan pour lui annoncer la nouvelle. Le docteur lui explique. Mon fils ne parle pas. Son regard est d'une lucidité et d'une profondeur que je n'oublierai jamais.

Je lui dis que j'ai confiance en la médecine, il répond : "moi aussi".

Puis il est emmené à l'hôpital Trousseau. »

À ce stade, Maman est dans les bras de Nana. Je pars dans la salle de bains. Je lève la patte contre la baignoire. Moi aussi, j'ai besoin d'exprimer mon chagrin.

***

Cela fait plusieurs jours que Maman travaille le rôle d'Hermione dans *Le Conte d'hiver* de Shakespeare. Assise sur le canapé, elle respire fort, aiguise son regard, j'ai peur qu'elle me gronde. Mais non, sa voix s'élève, une voix que je ne lui connais pas. Je l'écoute depuis un bon quart d'heure, et moi qui saisis tant de choses, qui suis équipé d'une intelligence redoutable comme celle de mon père sans doute, même si Greta en avait sous les oreilles, je rends les armes. Je trouve les paroles sublimes même si je ne comprends pas tout :

« Les louanges sont notre salaire : vous pouvez avec un seul doux baiser nous faire avancer plus de cent lieues, tandis qu'avec l'aiguillon, vous ne nous feriez pas parcourir un seul acre. »

« Les louanges sont notre salaire. » Nom d'une gamelle. Les louanges de Maman sont mon salaire. Comment ce Shakespeare le sait sans me connaître ? Il est fort, le gars. Franchement doué. Je ne connais pas beaucoup d'êtres humains (adultes j'entends, les enfants ne comptent pas, ils n'ont pas encore perdu tous leurs instincts). Mais déjà, je connais Maman et Shakespeare, l'ami de Maman. Et ça me donne envie de croire en l'homme.

Pourtant, la voix de Maman continue de me contrarier. Décidément, la tessiture un peu grave, le ton qu'elle emploie, me chiffonnent. J'ai l'impression qu'elle m'échappe, qu'une autre personne a pris possession d'elle. Elle devient une autre et s'offre à Shakespeare, ce saligaud qui a tout compris. Elle prononce des paroles d'un autre siècle avec un ton qui n'est pas le sien. Je dois l'avouer, ça m'énerve. Pourquoi Maman a-t-elle besoin de ces mots émouvants, de ces changements de voix ? D'où vient ce besoin de transmettre ces textes, de parler haut ou bas ? De chercher un rythme, une musicalité ? Drôle de métier. Je lui fais comprendre avec un grand soupir que je suis fatigué de Shakespeare, de ses fulgurances, et je quitte notre canapé pour rejoindre la chambre des enfants.

Maman me suit des yeux, un texte à la main : « Dis donc, Gaston, tu pourrais m'écouter, quand même ! »

Ces derniers temps, les castings pour des petits rôles ont été un échec. Ces essais se déroulent en banlieue, dans des entrepôts difficiles d'accès. Maman n'a pas le code. On a oublié de lui donner.

Elle m'emmène avec elle, bien sûr, une vie sans moi n'est plus envisageable.

En marchant vers le métro, nous croisons Florette et sa maîtresse, Laura. Un hasard fou ! Elles se dirigent aussi vers le métro. Laura a le même âge que Maman. Elle est gentille, ça se sent, mais j'entends aussi qu'elle n'est pas bien dans sa peau. Elle ne connaît pas Maman ; or, en deux minutes, elle lui raconte sa vie. Elle parle vite, sans pause ni ponctuation (je me demande à quel moment elle respire) : de sa ride au coin de la lèvre qu'on voit trop, de sa vie professionnelle qui n'est rien, de son mari Luc qui l'énerve en permanence en prenant sa tasse de thé avec trop de distinction ou en déballant trop précieusement son sandwich dans le train. Je comprends vite que Laura ne supporte plus Luc mais qu'elle n'a pas d'autre choix que de rester avec lui parce qu'elle ne travaille pas. Je remercie le ciel de ne pas être dans cette situation. J'aime Maman et je l'ai choisie. Je n'échangerais pour rien au monde cette liberté-là. Je plains Laura.

Je regarde Florette, elle est franchement très jolie, toute petite et fine. Elle a un port altier, naturellement raffiné, le poil un peu bouclé. Quelle chance ! Moi j'ai un pelage de prince, lisse et duveteux, mais je n'aurais pas dit non à un peu de désordre. J'aime la boucle. Je trouve que ça fait chic. Qu'il pleuve, qu'il vente, qu'il neige, le poil vrille. Ça me réjouit.

Florette me dévisage. C'est gênant. Est-ce qu'il me reste un bout d'Apéricube dans les poils ou dans les dents ? Heureusement, la conversation est fluide. On parle de tout, de sa famille, d'Eva et Jeanne, les enfants de Laura et de Luc.

Soudain, suée froide : il commence à pleuvoir. Maman sait que je n'aime pas la pluie. Et que je n'avance plus quand je suis mouillé. Si elle me porte, c'est humiliant. Laura propose de s'abriter sous un porche. Tant mieux. Florette a un peu froid et se colle contre moi. Je sens sa truffe humide et fraîche qui palpite contre la mienne. Bizarrement, Laura ne parle plus. Nous attendons tous les quatre en silence sous ce porche.

« Tu veux venir chez moi mercredi prochain avec Stan et Lucy ? » me demande subitement Florette, sa truffe à deux centimètres de la mienne. Mon Dieu la brutalité. C'est clairement une proposition. Florette est complètement dingue. Je crois qu'elle n'a pas compris. Mon cœur est pris. J'aime Maman. Et c'est pour la vie que je lui serai fidèle. Et puis elle a besoin de moi. L'idée de la trahir ne m'effleure pas l'esprit. De toute f̶a̶ç̶o̶n̶, au-delà de mon amour, je suis un chien de devoir. J'ai une mission et j'irai jusqu'au bout.

« Euh désolé, je crois que mercredi, on a quelque chose de prévu avec les enfants, mais je vais demander à Maman que j'aime. »

« Maman que j'aime ? » Mais pourquoi j'ai dit ça ? La honte. Florette ne voudra plus jamais me voir maintenant. Ce sera répété et transformé chez tous les chiens du quartier.

« Ok », répond Florette.

Dans ce « Ok » c'est ma vie qui s'écroule. Des jeux, des promenades au soleil. Des croquettes partagées. Une ribambelle de petits bichons dans nos pattes…

Je me reprends, j'ai choisi : ma vie, mes enfants, mes croquettes, mes promenades, mon soleil, c'est Maman.

La pluie s'arrête. Nous descendons dans le métro.

***

Arrivés au casting de l'entrepôt, Maman et moi saluons tout le monde. Personne ne nous répond. Une fois de plus, je ne suis pas le bienvenu. Je le sens tout de suite. On me demande d'attendre dans une salle d'attente où d'autres actrices patientent – sans chien, les malheureuses.

Arrive notre tour. Maman doit jouer sa scène dans une toute petite pièce, collée contre un mur recouvert d'un atroce papier peint. La directrice de casting se prend à la fois pour un grand metteur en scène et pour une actrice cornélienne vociférant chaque réplique. Elle lance à Maman :

« Elle va se mettre bien contre le mur et faire la scène où elle doit pleurer. » Ce n'est pas bien compliqué de pleurer, il suffit de se concentrer en regardant le papier peint immonde et d'entendre qu'on s'adresse à vous à la troisième personne du singulier. Du coup, Maman sanglote.

Ensuite elle doit jouer une scène de colère. Elle joue vraiment très bien (je trouve). La directrice de casting lui demande de ne pas bouger pour qu'elle puisse filmer sans se fatiguer :

« Attention elle ne bouge surtout pas ! Aaaaaction ! »

Maman a visiblement envie de lui bouffer un œil. La directrice de casting lui fait remarquer qu'elle a l'air énervée.

Et là, j'entends maman qui parle fort :
« "Elle" est énervée et "Elle" se casse. »

J'aime bien quand Maman ne se laisse pas faire. Même si au retour, dans le bus, elle me serre contre elle de façon inhabituelle, comme si elle avait froid.

***

Stan dort ce soir chez Nana. Je suis seul avec Maman et Lucy. Nous sommes tous les trois dans le canapé, parmi les coussins moelleux et colorés. Je prends la place de Stan, j'adopte sa position préférée : la tête à l'envers et les jambes surélevées, étalées sur les coussins. Je sais, un bichon maltais dans cette position, ce n'est pas habituel. Maman choisit toujours un programme familial qui plaira à chacun d'entre nous. Nous regardons ce soir *Comme des bêtes*, un dessin animé très drôle où des chiens vivent leur vie quand leurs maîtres ne sont pas là. Arrive le passage où le héros chien vient d'être capturé par la fourrière. J'ai peur. Je me retourne pour me blottir contre Maman. Elle me caresse. Soudain, alors que le chien trouve une porte de sortie, Lucy se tourne vers Maman, l'enlace et lui dit :

« Pardon d'avance pour la crise d'adolescence que je te ferai un jour. »

***

Maman vient de décrocher trois jours de tournage.

C'est une autre chercheuse d'acteurs qui l'a appelée. Elle lui a dit que c'est urgent, que la réalisatrice l'adore et que c'est inutile de la rencontrer et de faire des essais. Le tournage est la semaine prochaine. Maman fredonne, qu'elle est gracieuse ! Aujourd'hui, je l'accompagne pour ses essais costumes.

À nouveau un entrepôt, en banlieue, un long trajet...

Dans le bus, je renifle le caoutchouc froid, le métal, le très vieux chewing-gum. Maman me sort de son sac, me pose sur ses genoux et me parle :

« Tu vas voir, là où on va, il y a quantité de costumes. Toutes les époques et les univers. J'aime le costume. Il symbolise le désir de devenir quelqu'un d'autre. Il révèle mon goût pour la transformation : être riche quand on est pauvre, une ordure quand on est bon, une bonne sœur quand on a une collection d'amants... Un costume, c'est un cadre. S'il est bien ajusté, alors je suis libre. Les costumes, du maillot de bain au corset, sont une contrainte qui me permet de tout inventer. Tu resteras bien près de moi parce que les tissus sont fragiles. »

Je sens Maman dans une excellente énergie, juste parce qu'elle va travailler. Durant le trajet, elle chantonne comme quand elle prépare ses boulettes aux graines de coriandre.

Nous arrivons. Elle salue la costumière qui s'appelle Anaïs. Laquelle fait tout de suite penser à un spitz, ces tout petits chiens orange en forme de plumeau, qui ressemblent à des renards. Anaïs a une épaisse chevelure rousse, elle arrive à la taille de Maman. J'observe les expressions de son visage, j'y repère la sympathie. Pourtant, dans le fond de son œil, je ne vois pas d'harmonie entre sa pupille et son expression souriante. Son regard est fixe quand sa bouche s'étire. Je me méfie.

J'éternue pour prévenir Maman, mais elle ne me regarde plus.

Alors je me frotte assidûment sur le mollet d'Anaïs pour attirer l'attention de Maman qui m'ignore toujours, absorbée par les tissus. Anaïs me repousse discrètement mais vigoureusement. Plongée dans les costumes qu'elle trouve si beaux, Maman a hâte de les essayer. Elle demande à la costumière d'enfiler celui-là, puis celui-là... Anaïs l'arrête tout de suite. Ces costumes ne sont pas pour elle mais pour Héloïse, la fille qui joue le rôle principal. Ah. Héloïse sera dans les rouges, parce qu'elle joue la passion.

« Toi, Valérie, tu joues une secrétaire. Tu as ces costumes-là. »

Je me colle de nouveau contre le mollet d'Anaïs qui m'éloigne fermement et demande à Maman de « contrôler le chien ».

Maman m'écarte, mal à l'aise.

La gêne se manifeste chez elle de façon précise, en marchant en crabe avec plein de gestes inappropriés, comme ses bras qui deviennent des moulins à vent.

Anaïs fait apparaître un portant caché avec trois tenues marron tristes. Déception.

« Pourquoi je ne peux pas mettre de couleurs moi aussi ? » demande Maman avec une petite douleur dans la voix. Anaïs lui répond d'un ton sec qu'on n'est pas là pour perdre du temps, que les tenues joyeuses et le chien, ça suffit. Les couleurs vives sont pour les rôles principaux.

« Pour les personnages secondaires comme le vôtre, c'est ça. »

Elle brandit un gilet marron avec des petites fleurs brodées jaunes passées. Maman se penche vers moi, me soulève, son visage près du mien. Elle a besoin de réconfort. Sa truffe est humide.

Elle essaie ses costumes avec un peu moins d'entrain mais reste vaillante, en se persuadant que ces fleurs jaunes mettront un peu de joie dans le personnage.

Je n'aime pas quand Maman est contrariée.

J'aimerais tellement lui offrir un très beau costume, celui de la passion, un long manteau aux poils rouges doux, soyeux et consolant comme le tapis de l'immeuble, avec un vrai collier en perles de soleil parce que Maman le mérite (je trouve). On partirait tous les deux en croisière sur un grand bateau à la découverte de contrées magnifiques.

Mais je ne peux pas. Je n'ai pas de chéquier.

Ça y est, j'ai très envie de pisser.

Depuis tout à l'heure j'ai repéré un costume en velours, genre dix-huitième siècle. Je l'ai bien reniflé. Je regarde Maman, je regarde le tissu et je vois dans ses yeux un SOS. Elle sait que j'ai très envie de ce costume. Je sens que je pourrais franchir une limite très grave. Tout est écrit dans ses yeux.

« Si tu fais ça tu seras privé de pâté et d'Apéricube pendant au moins trois mois. Tu n'auras que des croquettes périmées. Tu seras congédié dans ton panier. Seul Corentin, le petit voisin qui donne des coups parce qu'il en reçoit, viendra te voir. »

Non ! Pas Corentin, tout mais pas ça. Ok, pour cette fois, je ne pisserai pas sur le costume.

M'en fiche, je me défoulerai dehors, sur le premier pneu.

***

Je n'ai pas vu Florette depuis quelques jours. Elle n'est pas malade au moins ? Je revois son poil bouclé et sa truffe humide. Elle est furieusement belle. Mais pourquoi me fait-elle cet effet ? Est-ce elle qui a changé, ou bien moi ? Avec le temps, est-ce que je l'idéalise ? J'essaie de reconstituer le puzzle de son visage…

Maman arrange les coussins, met une musique joyeuse. Lucy a déjà ouvert la porte d'entrée en comptant les marches que Nana est en train de gravir.

Elle s'assoit sur le canapé, toujours les mêmes places, Maman à droite, Nana à gauche devant des cannolis, ces gâteaux siciliens apportés par Nana. Elles parlent de Stan.

Quand Maman parle de son garçon, elle triture avec nervosité le petit diamant au bout de sa chaîne. C'est le père de Stan qui lui a offert ce bijou pour la naissance de leur fils. Elle le touche souvent, pour vérifier qu'il est bien là, ou pour s'assurer que la chance est avec elle…

Depuis sa chambre, Stan écoute une chanson, « Pour un flirt avec toi » de Michel Delpech. On la met à fond et souvent on se tortille tous ensemble.

Et chaque fois qu'on danse, Maman coule des yeux parce que malgré la maladie de Stan, ses traitements, sa fatigue, Stan se déhanche sur cette musique. Elle part alors se cacher dans la salle de bains. Hors de question de les faire couler devant Stan, lui qui n'a jamais coulé.

Il endure tous ces soins et ces traitements difficiles depuis qu'il a quatre ans, sans jamais se plaindre.

Maman raconte à Nana les ponctions lombaires, quinze en tout, pendant lesquelles Stan n'a pas souffert. Ou le pansement du cathéter qu'il faut changer deux fois par jour parce qu'il fait trente degrés dans la chambre d'hôpital. On attend l'infirmière qui doit arriver d'ici vingt minutes mais qui arrive souvent trois heures après. Maman dit que l'hôpital c'est l'école de la patience (pareil pour moi, c'est très difficile à gérer, quand on oublie mes croquettes c'est l'école de la patience).

Chez nous, les chiens, le temps est sept fois plus long que pour les humains. Mais visiblement à l'hôpital c'est encore d'autres codes, vingt minutes d'attente pour Maman, c'est en fait vingt fois plus long pour elle. Donc pour moi c'est pire, c'est sept fois vingt fois plus long. C'est cent quarante fois plus long en fait, c'est...

Je n'y comprends pas grand-chose à leur notion de temps. Mais à voir la tête souvent épuisée des humains, je comprends que les infirmières doivent vieillir très, très vite.

Pour que les enfants n'écoutent pas la conversation entre Maman et Sonia, j'attire leur attention en faisant des sauts sur le lit au rythme de Michel Delpech. Oui, je suis un chien qui danse, excusez du peu. Stan et Lucy me rejoignent.

Les enfants s'éclatent et moi je tends l'oreille. L'ouïe canine, surtout la mienne, est très aiguisée. Bien sûr, j'entends Michel Delpech qui chante « Pour, un petit tour, un petit jour, entre tes bras… », mais aussi la voix tremblante de Maman.

« Stan avait quatre ans et on lui interdisait beaucoup de choses : de courir, une blessure pouvait être fatale. De manger un gâteau ou un bonbon s'il n'était pas sous vide, à cause des microbes. De manger salé, à cause des corticoïdes qui faisaient grossir. De voir des amis, qui auraient pu amener des virus. Ne rien manger une heure avant, et après, un médicament donné à 18 heures tous les jours. Pendant deux ans. »

Tout à coup je me sens exclu. Je n'étais pas là à ce moment-là. Comment Maman a-t-elle survécu alors ? Résisté sans moi ?

Nana termine de mettre la table, dispose du pain dans une corbeille, Maman continue de parler :

« À quatre ans on doit pouvoir parfois enfreindre les lois des parents, non ? Manger des bonbons en cachette juste avant le repas, surtout parce que c'est interdit. Fouiller dans le sable et trouver des trésors, plein de cailloux affreux et terreux qu'on est obligé de ramener à la maison parce qu'ils sont magiques. Attraper un rhume car les chaussures ont trempé dans des flaques. Faire le gros dos quand les adultes disent : "Tant pis t'es puni c'est pas volé." Que c'est bon d'être puni quand on l'a mérité, car c'est toujours de l'amour d'être remis dans le droit chemin par ses parents, non ? De courir à fond pour rattraper un copain, se casser la figure, déchirer son pantalon et abîmer son genou. Se défouler à la piscine et patauger dans le pédiluve. Ramasser un gâteau qu'un copain vient de faire tomber et le manger discrètement.

Coller son chewing-gum derrière l'oreille et le récupérer quand c'est l'heure de la sortie. »

Je déteste le chewing-gum. Je m'en suis collé un une fois sous le coussinet de la patte droite. Il y est resté jusqu'au lendemain. Avec la chaleur, il a molli et s'est étiré partout dans mes poils. J'étais englué jusqu'au cou. Un cauchemar.

« De quel droit cette maladie décide-t-elle, à l'âge de quatre ans, de nous retirer ces moments ? demande Maman en tripotant de plus en plus nerveusement son petit diamant. Et encore, on a eu de la chance, parce qu'à quatre ans, on peut offrir l'illusion que tout est possible, que la joie naît là où on décide d'en mettre. À cet âge-là, le bonheur n'existe que dans les yeux de ses parents. Alors je voulais que Stan ne garde que de bons souvenirs de cette période. J'ai tout fait pour qu'il soit heureux durant son traitement. C'était "La vie est belle" à l'hôpital. Le fauteuil roulant qui l'emmenait au sous-sol pour faire un scanner devenait une voiture spéciale à roulettes, un bolide réservé aux personnes extraordinaires et rares. Tout le monde n'avait pas le droit de s'y asseoir. Stan pouvait alors découvrir les labyrinthes impossibles et mystérieux des sous-sols de l'hôpital qui s'exploraient à de rares occasions. La machine qui le maintenait en vie le réveillait trois fois dans la nuit, en émettant des sonneries au rythme étrange : Stan et moi, on décidait que ces sons composaient une musique entraînante et on dansait. Chaque nuit, c'était un rituel, c'était bête mais ça nous amusait. »

Soudain son front se plisse comme devant les factures.

« Oh la la, je crois que j'ai oublié d'acheter une bouteille de lait. Mon Dieu, est-ce qu'il en restera assez pour faire le gratin ? »

Maman se lève comme si l'enjeu était vital, part dans la cuisine, ouvre le frigo, le scrute de long en large.

« On est sauvé, il en reste ! »

Que d'anxiété qui nourrit son petit cœur… Mon genre à moi, définitivement, ce sont les intranquilles. Je ressens une bouffée de tendresse si puissante que j'ai envie de pisser. Mais j'écoute la suite. Je pisserai tout à l'heure. Devant la gazinière, Maman ne lâche ni sa béchamel, ni son récit.

« La ponction lombaire, ah je n'oublierai jamais. Stan devait se plier en deux au maximum et rester immobile pour faciliter la piqûre dans le dos. Je l'aidais à se concentrer en chantant la chanson "Les petits bateaux" que je chantais très mal, en étant très concentrée, et en partant souvent trop dans les aigus, en changeant les paroles, ça faisait rire le médecin et Stan, qui en oubliait la douleur.

De toute façon, Stan ne se plaignait pas. Il était souvent avec ses deux parents. Que souhaiter de mieux ! J'étais au chômage pendant cette période — je pouvais rester avec mon garçon le jour et la nuit. L'hôpital m'interdisait de dormir systématiquement dans la chambre. Alors c'était son père qui me relayait, une nuit sur deux. Quand je ne dormais pas avec Stan, je claquais des dents dans mon lit, même si je n'avais pas froid. »

Le « lalalalalala » de Michel Delpech ponctue le mot « froid ».

J'éternue pour faire comprendre à Maman que je suis là. Je l'aime tellement que j'ai l'impression de vivre ses souvenirs. Je suis avec elle, sur ses talons, j'avance dans sa mémoire.

À l'hôpital, la chambre de Stan est au quatrième étage, couloir du fond, troisième porte sur la gauche. Et souvent Maman, fatiguée, l'esprit occupé, se trompe de porte. Elle ouvre celle de droite, juste en face. C'est la troisième fois au moins et c'est le même scénario. Le temps d'entrouvrir la porte quelques secondes et de s'excuser, de réaliser qu'elle n'est pas dans la bonne chambre, Maman voit une jeune fille de quatorze ans environ, seule, avec un joli visage très amaigri. Les yeux mi-clos, allongée dans la pénombre, elle ne réagit pas à l'ouverture de la porte. Maman perd ses mots, reste sans voix. Elle voudrait prendre la jeune fille dans ses bras et lui dire qu'elle l'aime de tout son cœur, que bientôt ça ira, qu'il faut de la patience. Que si elle a besoin de quelque chose, discuter, un verre d'eau, n'importe quoi, elle est là, juste en face. Mais la jeune fille s'endort et Maman n'ose pas lui parler.

Elle referme doucement la porte.

« Cling cling. » Les bracelets de Nana scandent les tours de la cuillère en bois dans le fond de la casserole. Nana sauve la sauce béchamel que Maman a oubliée. Elle s'assied sur un tabouret devant le plan de travail. Elle malaxe la mie de pain.

« Je rejoins Stan qu'il faut occuper, car il n'a droit qu'à un seul jouet par jour à cause des microbes. Un jour, on lui autorise cinq Playmobil. Désinfectés. C'est une fête, mais il ne peut pas les poser par terre à cause des risques infectieux. On lui donne alors cinquante centimètres carrés de drap aseptisé, sur lesquels il peut jouer. »

Même si ce n'est pas le bon moment, je suis furieusement attiré par les gâteaux italiens ramenés par Nana, remplis de fromage sans doute. Ils m'attendent sur la table basse. Pendant qu'elles sont dans la cuisine, et que les enfants sont occupés à jouer, je fonce vers le salon pour en avoir le cœur net. Personne à droite, ni à gauche, d'un coup de patte j'en chope un. Je tiens cette habileté de mon père, sans doute. Mais, de peur d'être attrapé, je l'engloutis si vite que je n'en profite pas. Je ne sens ni goût ni saveur, j'ai même le sentiment d'une brique dans le ventre. Quelle déception… L'estomac en souffrance, il ne me reste qu'à revenir vers la cuisine, m'asseoir et écouter.

« C'est fou ce qu'on peut faire avec cinq Playmobil et un bout de drap. Éviter les microbes autour de ce tissu peut devenir un challenge très amusant. Ils deviennent des requins, des Indiens ou des lions. Stan imagine des histoires folles à l'intérieur de ces cinquante centimètres. Son imagination est inépuisable. Quand quelqu'un arrive pour lui rendre visite, il le reçoit d'une voix joyeuse : "Bienvenue dans le monde imaginaire !" Stan adore les visites, les infirmières, les médecins, les amis, les nouvelles rencontres. Il aime particulièrement Gilles.

Cet infirmier, d'origine sénégalaise, est extraordinairement gentil. Il a toujours un petit mot spécial pour Stan. Moi aussi, je l'adore, parce qu'à chaque fois que je me cache pour pleurer, dans le couloir ou dans les toilettes, je tombe sur lui. Gilles me regarde droit dans les yeux, malgré son fort strabisme. "Si vous avez besoin de sortir pour pleurer, n'hésitez pas." Je lui réponds que c'est précisément ce que je suis en train de faire. "Oui, poursuit Gilles, mais si vous avez besoin de sortir…" Ça me fait rire. Dans ce moment dramatique, il réconforte comme il peut. Il console tant d'enfants dans cet hôpital ! Je me souviens du jour où il nous a annoncé que le lundi suivant, un petit garçon avec la même maladie que Stan viendrait partager sa chambre. On trépignait d'impatience. »

Parfois, c'est Nana qui coule. Alors Maman lâche son pendentif et cherche un mouchoir. J'ai envie de leur faire un câlin. Mais ce qui coule est contagieux, alors j'ai plutôt envie de pisser. Il est interdit de pleurer mais pas d'uriner, non ? Je me dirige vers la salle de bains. Mes yeux et ma truffe sont humides. Je coule comme Nana.

***

MAMAN À MOI

16 h 30. Devant l'école, Maman, Lucy et moi (je mets le moi en dernier car j'ai beau être puissant, je reste élégant) attendons la sortie de Stan. J'observe Maman qui prend le temps de rêver, de penser. Elle regarde les autres enfants qui retrouvent leurs parents devant l'école. Comment ils dévorent leur goûter avec appétit, sans crainte des microbes. Comment leur mère s'inquiète pour un rhume… ou se fâche parce qu'il y a eu un neuf sur vingt en maths ou en anglais. J'observe Maman envier leur vie, leurs petits tracas quotidiens. Maman aussi aimerait bien que sa seule source de stress soit une mauvaise note ou une rhino… Je ferai tout pour que Maman retrouve cette légèreté. Ensemble, on y arrivera. Si j'ai des images positives dans la tête, elles se concrétiseront, c'est sûr. J'ai déjà remarqué que ça marchait. Par exemple, quand je pense très fort à un Apéricube parfum paprika, il finit par surgir, ou si je me concentre pour rencontrer Florette dans la rue, ça arrive aussi. Alors je le fais de plus en plus souvent, et je dois avouer qu'une joie au

goût nouveau m'envahit à l'idée de croiser son museau.

Dans quelques années, Stan sera guéri. Il aura dix ans. Il sera en train de manger un reste de pain au chocolat plein de microbes oublié dans la cuisine par Lucy. Maman épluchera des pommes de terre et râlera parce qu'il en manque deux… Elle dira à Lucy de ne pas se balancer sur sa chaise, elle pourrait tomber et se blesser… Ce serait le comble du bonheur. Et je n'y serai pas pour rien.

Premier jour de tournage. Nous sommes à la sortie du RER. Mantes-la-Jolie sous une pluie fine. Mais fine ou pas, je n'aime décidément pas la pluie. Elle transforme mes poils en filasse et dilue les odeurs. Je freine des deux pattes avant pour faire comprendre à Maman que je n'avancerai pas d'un os. Mais Maman, pragmatique, me prend dans ses bras. Nous nous asseyons sous un abribus et attendons le régisseur qui doit venir nous chercher. Maman plisse le front en écoutant la messagerie de son portable. Je sais que c'est l'école qui a appelé, ce sont encore les maux de tête et nausées de Stan. Elle appelle Nana qui, une fois de plus, se rend disponible pour aller chercher Stan.

À peine le temps de réaliser qu'il est en retard, Christian le régisseur est déjà là. Je le renifle de loin. Il sent le gingembre. Je connais cette odeur, elle me débecte. Maman m'avait fait goûter les restes de poulet citron-coriandre-gingembre. Je déteste. Comment les humains peuvent-ils manger des choses aussi répugnantes ? Comme les omelettes aux cèpes, quelle horreur. Le pire plat jamais inventé. J'avais pourtant fait l'effort et mangé cet immonde poulet au gingembre quand même. Je ne voulais pas ajouter une contrariété dans l'assiette de Maman.

Malgré sa forte odeur de gingembre, Christian est sympa. Il prend le temps de parler. À ses heures perdues, il doit cultiver la gentillesse. Je le sens à sa voix douce et riante. Il nous met tout de suite à l'aise. Il adore les chiens, fait des blagues, nous parle de sa passion pour le cinéma. Son métier, régisseur, est un dévouement total. Il doit veiller au confort de chacun : comédiens, réalisateur, techniciens. Être responsable de l'organisation matérielle et logistique : préparer un thé, des sandwichs, rechercher un décor, veiller aux transports des comédiens. Avoir l'œil sur tout, un peu comme moi avec Maman. Et, surtout, être disponible et souriant pendant les horaires de tournage qui n'en finissent plus. Un salaire qui ne permet pas de rester à Paris pour élever des enfants. Un boulot de chien, comme disent les humains. Et pourtant le film est possible grâce à Christian.

Le cinéma, c'est le rêve, mais surtout la réalité.

Nous arrivons. Hâte de rencontrer Isabelle, la réalisatrice.

Nous nous rapprochons de la table régie où Isabelle complimente ses trois acteurs principaux autour d'elle. Elle parle fort avec un ton difficilement supportable. Sa voix est très haut perchée. Trois octaves de trop. Quelqu'un devrait lui dire qu'il faut qu'elle redescende. Elle explique aux acteurs qu'elle a regardé les *rushs* (ce sont les scènes filmées que l'on visionne pendant le tournage pour s'assurer du bon déroulement du travail, je deviens un pro à force d'accompagner Maman) et que le résultat est formidable, qu'elle est très contente. Un quatrième acteur est venu se greffer et plaisante :

« Forcément, Isabelle, au prix où on est payés, tu peux être contente ! » Tout le monde rit, mais d'un rire qui cache un malaise, je le vois tout de suite aux attitudes corporelles des humains. Car après avoir ri, tout le monde regarde ses chaussures. Puis chacun prend un café, un biscuit sans gluten ou un thé au gingembre-miel que prépare Christian, et s'éloigne.

Christian : « Isabelle, je te présente Valérie. »

Isabelle regarde Maman et je vois bien dans ses yeux qu'elle ne situe pas du tout Maman. Elle lui demande ce qu'elle veut. Je sens Maman très gênée.

Dieu merci, les autres acteurs sont déjà partis. Maman explique qu'elle est Valérie, l'actrice engagée pour jouer le rôle de la secrétaire.

Il y a encore un très long temps avant qu'Isabelle ne réagisse. Du point de vue d'un chien, je crois que le temps est encore plus long. Sept fois plus long, je l'ai déjà dit, mais je peux assurer qu'il l'était aussi pour Maman. Je sens l'agitation de ses narines, de légères taches rouges apparaissent sur sa peau, en général le signe qu'elle angoisse. Tout à coup, Isabelle se rappelle Valérie qui doit jouer la secrétaire.

Maman prend l'air soulagé et rit nerveusement. Mais franchement, elle joue moins bien la comédie qu'Isabelle. Dès qu'elle fait semblant, on voit tout : son visage, ses yeux et surtout ses plaques rouges la trahissent. Comme si la maladie de Stan ne suffisait pas, cette réalisatrice ajoute une couche de plaques irritantes.

Au « make up » (dans ce milieu, on ne dit pas « maquilleur » mais « make up artist », un peu comme si je ne disais pas « chien » mais « smart bichon dog »). Maman est assise à côté d'Héloïse. Elle est à peine plus âgée que Maman, trente-cinq ans environ. Héloïse, c'est l'actrice qui a réussi, et ça se voit. Elle est à l'aise. Parle fort au téléphone devant tout le monde. Alterne régulièrement à droite et à gauche les envolées de sa belle chevelure, rayée de fines mèches blondes. On sent qu'elle a beaucoup misé sur la couleur de ses cheveux. Elle se coiffe elle-même, n'a pas confiance en son coiffeur. Comme elle s'ennuie, elle s'intéresse à Maman. Quel est son rôle, combien de jours sur ce tournage ? Maman répond :

« Je joue la secrétaire de l'avocat Maître Sylvain. J'ai une belle scène à jouer quand je le surprends dans les buissons avec Mme Duval, ahah c'est drôle. Mais je n'ai que trois jours de tournage. »

Héloïse est pleine d'empathie.

« Tellement difficile, les petits rôles. Tellement ingrat. J'en ai fait, autrefois. À peine arrivé sur le tournage, on doit repartir, pas le temps de s'installer dans le personnage. C'est frustrant ! C'est beaucoup plus facile quand on a le rôle principal. On "est" le rôle, tu vois, on ne le quitte pas. Mais t'inquiète, Valérie, je suis là, tout se passera bien. »

Maman la remercie, mais Héloïse ne l'écoute pas et poursuit :

« C'est une grande chance d'interpréter le rôle d'une femme qui sauve un migrant par amour, par passion. »

Maman regarde discrètement son portable. On apporte un café pour Héloïse. Maman en voudrait un. Mais plus le temps d'un café pour Maman.

« Sans ce rôle, jamais je n'aurais pu prendre conscience des conditions de vie difficiles de ces gens. Me rendre compte à quel point on est gâté. Il faut se battre contre ces inégalités. Si on est sur Terre, c'est pour donner, non ? Pour partager, sinon à quoi ça sert ? Et quand je pense... »

La conversation est coupée par le troisième assistant qui a très envie de faire du cinéma mais qui ne comprend pas grand-chose à sa fonction et demande d'une voix hésitante :

« Si Héloïse a terminé avec le maquillage, on peut aller sur le plateau. Est-ce qu'elle veut partir avec Valérie dans la Mercedes ? Ou Valérie part avec les autres dans le fourgon ? »

Sans que Maman ait le temps de répondre, Héloïse est déjà partie.

'ar Héloïse pense que l'insuccès est une maladie contagieuse. Elle n'a pas envie de partager ses privilèges ni de passer plus de temps avec Maman, de peur que sa situation ne déteigne sur elle, qu'elle redevienne la petite actrice au bas de l'échelle. Ils sont marrants, ces humains, à croire que l'échec est un mal transmissible. Que je sache, on n'attrape pas la plantade comme on attrape des puces.

Maman se recouvre à nouveau de taches rouges, c'est ma léoparde d'un genre nouveau. La voix de la maquilleuse murmure à son oreille :

« On va te garder ces deux plaques rouges, ça peut être intéressant pour le personnage. »

Une troisième plaque vient d'apparaître sur son décolleté. Je n'y tiens plus, je me lèche frénétiquement le bout des pattes. Quand je suis stressé, je pisse ; mais quand je suis oppressé, je lèche mes pattes.

Maman me demande d'arrêter et me fait une caresse. Je lui rends en lui léchant la main. Son visage s'anime un peu.

Heureusement que je suis là. Mais quand même, je suis perplexe : comment l'actrice peut-elle jouer la sauveuse d'un migrant affamé, démuni, alors qu'à la cantine elle se goinfre ? Comment tourner une scène où elle dort avec son aimé dans le froid glacial d'une tente, quand on vient la chercher chez elle dans une Mercedes de cuir beige aux sièges chauffants ?

Je ne suis pas un bichon communiste. Tout le monde ne peut pas avoir les mêmes croquettes, ce serait utopique. Je le sais bien. Mais si ces gens faisaient le film vraiment ensemble, si tout le monde participait à la tâche de chacun, les acteurs seraient plus disponibles, sans doute meilleurs. Sur le tournage de Maman, j'assiste à une scène révélatrice. Il faut trois personnes pour que l'acteur ouvre une porte et dise une phrase banale : la costumière qui lui met une polaire sur le dos avant le « action ! », le troisième assistant qui lui apporte avec délicatesse un verre de gingembre-miel, et l'accessoiriste qui aide à l'ouverture de la porte. Malgré ça, après un temps de concentration, l'acteur se plante dans le texte. On refait la scène trois fois. L'acteur s'énerve sur le troisième assistant qui a osé lui demander s'il avait besoin de quelque chose pendant qu'il se concentrait. Encore une prise. Le réalisateur et la scripte (la fille qui contrôle la continuité et la cohérence du film) discutent tout bas. L'acteur, visiblement paranoïaque, tente de percevoir leur conversation. Mon oreille sensible peut l'entendre :

« Cet acteur n'a aucune présence, qui l'a trouvé ? fulmine la réalisatrice.

— Toi, répond la scripte. »

Quand il tourne, un chien doit-il se concentrer ? A-t-il besoin de tout ce confort ? Peut-il envoyer promener le troisième assistant parce qu'il ne réussit pas la scène ?

Maman me caresse et me glisse à l'oreille : « Pour qui elle se prend, cette Héloïse ? » Je lui réponds : « Une femme vaut une femme. Comme un chien vaut un chien, non ? »

Elle acquiesce.

***

Maman et Nana se promettent de « prendre un café cinq minutes » qui finit toujours par durer deux heures.

Elles parlent de tout et de rien. Maman demande à Nana de lui expliquer sa technique pour gratouiller le dos. Souvent Lucy le réclame avant de s'endormir. Elle aime quand Maman le fait mais préfère toujours que ce soit Nana. Telle que je connais la sensibilité de Lucy, elle doit sentir que les gratouillis de Maman sont plus préoccupés, plus impatients. Maman fait tout pour ses enfants de la même manière. Mais de façon inconsciente, une part d'elle n'est plus disponible, en permanence avec la maladie de Stan, avec toujours cette peur sourde et constante qu'il lui arrive ce que les médecins appellent « une rechute ».

Je le vois dans ses grands yeux qui se sont écarquillés le jour où elle a appris la maladie de Stan. Et depuis quelques jours, s'ajoutent aux grands yeux une nervosité dans les gestes, une fatigue pour ranger le linge ou monter les escaliers.

Chaque journée est un pas de gagné vers la guérison. Maman le sait. Mais depuis dix jours, avec la gastro de Stan et ses maux de tête qui n'en finissent plus, elle est vraiment inquiète. Elle appelle le docteur Auvrignon qui suit Stan depuis son entrée à l'hôpital Trousseau. Le médecin n'est pas rassurant : que cette gastro dure aussi longtemps, ce n'est peut-être pas normal. Si demain Stan passe une mauvaise nuit avec vomissements et nausées, il faudra venir en urgence faire un scanner. Maman raccroche.

« Scanner. » C'est le mot qu'elle ne voulait pas entendre. Une immense peur l'envahit. « Scanner. »

Elle entend des cris d'enfants dans la rue. C'est la sortie des classes. Elle devrait partir chercher les enfants mais reste figée. Elle s'assied doucement sur la banquette de l'entrée et se met à trembler comme moi quand je croise un dobermann sur le trottoir.

Maman laisse traîner sa main dans son cou, ses doigts ont trouvé le petit diamant, elle respire. Elle regarde l'heure, elle est très en retard. Elle se lève, enfile son manteau et claque la porte.

Je l'entends dévaler les escaliers et courir.

Je reste assis devant la porte. Je tremble aussi. Maman ne revient pas. Je constate qu'elle m'a oublié. C'est la première fois que ça arrive… Je fixe la poignée de la porte. En déplaçant mes pupilles vers la droite, je vois mon profil dans le miroir fixé sur le mur. J'ai une sale tête. L'impression que j'ai fondu. C'est parce que j'ai la trouille. Quand j'ai peur, je rétrécis. Je deviens importable.

Elle est partie chercher les enfants à l'école sans moi. Ils seront déçus de ne pas me voir, c'est sûr. Lucy adore faire la course avec moi et ne pas me laisser gagner car je suis trop fort. Stan aime me câliner à la sortie des classes. Je sens une immense fierté quand sur le chemin du retour, des enfants m'admirent et que Stan dit modestement : « C'est mon chien. » Les enfants répondent « Oh la chance ! » Je fais partie de leur joie quotidienne.

Je fixe toujours la poignée et me concentre pour faire preuve de maturité et de compréhension. C'est une journée si difficile pour Maman. Pourvu qu'elle ait la force de ne pas montrer aux enfants son angoisse. Quand je suis avec elle, je pisse sur une poubelle ou sur un scooter, elle est occupée à râler et elle oublie son anxiété. Mais je ne suis pas là. Et dire que je n'ai pas la possibilité de l'appeler. Pas de portable ni de compte Instagram ou Snapchat. Dans des moments comme celui-là, j'aimerais bien avoir un téléphone portable avec la photo de Maman sur la coque.

Un son violent me fait sursauter... C'est le concerto pour piano de Bach n° 1 en ré mineur qui part tout seul sur l'enceinte de Maman et me donne aussitôt envie de me pendre. Je déteste ce morceau. Elle a dû oublier de désactiver son application. Elle nous a oubliés tous les deux, l'enceinte et moi... À cette heure-ci, Lucy est déjà sortie et Stan ne va pas tarder. La classe de Stan est souvent la dernière à sortir. Ou alors ils se sont arrêtés au coin de la rue à l'épicerie, chez Jean-Pierre, où ils achètent des soucoupes pleines de poudre, des Tic Tac parfum fruits de la passion. Ensuite ils regardent le magasin de jouets, avec la vitrine de lumières et de couleurs qui les fait rêver. Malgré ce concerto de Bach qui m'empêche de tendre l'oreille, je reconnais les pas qui courent dans les escaliers. C'est sûr, ce sont eux. Lucy en premier, toujours avec cette envie pressante d'aller aux toilettes quand la clef s'introduit dans la serrure. Les voilà. Je les aime. Je veux leur dire. J'aboie.

La porte s'ouvre. Les enfants entrent en trombe et m'enlacent.

Ils me caressent et courent tous les deux vers leur chambre. Maman se précipite pour baisser le son de l'enceinte qui, d'elle-même, a abandonné Bach pour nous proposer Supertramp. Maman est près de moi, me parle, mais c'est comme si elle était ailleurs.

« Désolée, mon chien, je t'ai oublié. Je te sortirai tout à l'heure. »

Ses mots sont à leur place mais pas sa tête. Je le vois à son regard qui dérape. Elle essaie de dissimuler son angoisse aux enfants, de toute façon ils jouent dans leur chambre. Maman nettoie à fond le plan de travail de la cuisine qui est déjà très propre. Les enfants entrent dans la cuisine. Maman observe Stan qui jette le reste de son pain au chocolat à la poubelle. Elle remet sur le plan de travail une couche de « Puryfitout », un nettoyant bio à l'eucalyptus.

« Qu'est-ce qu'on mange ? » demande Lucy.

Maman, toujours incapable de regarder les enfants dans les yeux, se concentre sur son éponge et tente de répondre le plus naturellement possible.

« De la purée et du poisson avec un bon crumble en dessert.

— Encore du poisson ? On en a mangé il n'y a pas longtemps. Je n'aime pas », tranche Stan.

Je mordille son pantalon pour lui faire comprendre que Maman est au maximum de ses possibilités. Je vois l'éponge s'activer. Maman s'attaque maintenant avec énergie à la gazinière. Stan lui demande sur un ton joyeux s'il peut jouer chez Lou, la voisine du dessus. J'ai l'impression que la gaieté de Stan tend les rapports entre Maman et son éponge.

Quel rythme saccadé elle lui impose, à cette pauvre éponge ! Elle va finir par râper le bois. Mais, soulagée de n'avoir plus à cacher son angoisse, Maman dit à Stan de revenir pour l'heure du dîner.

En ouvrant la porte, Stan tombe nez à nez avec Nana, les bras chargés de pain, fromages, madeleines. Stan veut lui faire un câlin.

« Attends, je me débarrasse de tout ça », dit Nana.

Le « cling cling » des bracelets dépose les aliments sur la table. Nana serre Stan dans ses bras en riant. Maman embrasse Nana. Stan disparaît. Nana regarde Maman et voit à ses yeux que quelque chose ne va pas. Maman s'assied sur la chaise de la cuisine et se met doucement à pleurer. Nana lui prend la main. Maman lui explique le rendez-vous du scanner demain. Elle est paralysée, perdue.

« S'il vomit de nouveau cette nuit, je pourrais tomber et ne plus me relever. » De nouveau la peur du cauchemar qui revient.

« Il n'arrivera rien, dit Nana. Stan ne sera pas malade cette nuit. Je vais le prendre avec moi, il dormira chez nous. Tu verras, demain matin, tout ira bien. »

Quand Stan apprend qu'il dort chez Nana, c'est la fête. Il veut y aller tout de suite. Il dînera là-bas d'une galette de pâtes grillées. Il adore ça. Maman le serre dans ses bras (sans y mettre trop de passion, elle en garde pour son éponge).

Maman ne raconte pas d'histoire à Lucy ce soir. Elle n'en a pas la force.

Moi aussi, je me sens faible. Je n'ai pas terminé mon gras d'entrecôte. Je pars m'allonger dans le canapé car je tremble de tout mon corps. Maman s'approche de moi et me caresse.

« Qu'est-ce que tu as, mon chien ? Tu es malade ? »

Je lui lèche la main. Maman s'allonge près de moi. Lucy nous rejoint. Tous les trois allongés sur le canapé, nous écoutons en sourdine « Don't leave me now » de Supertramp. Au dernier refrain, je sens une émotion qui envahit le corps de Maman. Elle se lève. Par pudeur, elle nous quitte pour débarrasser lentement la table. Je la vois se mettre à danser doucement dans la cuisine en balançant légèrement ses bras de droite à gauche sur les paroles, « Don't leave me now, all alone in this crazy world » (« Ne me quitte pas maintenant, tout seul dans ce monde de fou », pour ceux qui ne parlent pas anglais.)

Ses yeux coulent. Mince, j'ai pissé sur le coussin.

C'est la nuit. Lucy dort depuis longtemps. Je suis dans mon panier, près de Maman qui garde les yeux ouverts. Je veille sur elle. Elle claque des dents.

Le lendemain matin, on sonne à la porte. C'est Nana. Dans la seconde, je comprends que tout va bien. Sans maquillage, elle est resplendissante. Le « cling cling » léger de ses bracelets carillonne. C'est un rayon de soleil qui entre dans la pièce. Elle s'assied sur la banquette du couloir et lance, en souriant :

« J'avais bien dit qu'il ne serait pas malade ! »

Maman la serre dans ses bras et coule encore.

« Qu'est ce qui se passe ? » demande Stan qui vient d'entrer dans son beau pyjama en éponge rayé bleu. Je sens Maman qui dissimule une immense joie, elle essuie discrètement une petite larme.

« Rien du tout ! Habille-toi, mon garçon, tu vas être en retard à l'école, ce serait bête ! »

Tout le monde s'active. La vie reprend. La maison est pleine de sourires. Je suis le plus heureux des chiens.

Je les accompagne à l'école et après je vais me coucher. Franchement, je suis crevé. Je n'ai pas fermé l'œil de la nuit. Trop de responsabilités.

Maman a reçu une proposition de travail. Une série. Elle ne veut pas la lire. Elle ne veut plus partir en banlieue faire des essais pour des textes sans intérêt. Plus envie de rencontrer des gens mal élevés. La maladie de Stan lui a donné la maladie de la fatigue. Le sentiment d'être un arbre à qui on a retiré toute sa sève.

***

Nana arrose sur le balcon le rosier de Maman et lui explique comment le tailler pour qu'il soit plus fort et comment l'arroser pour qu'il soit plus vert. Maman l'écoute avec attention puis, sans transition, parle de Stan :

« En entrant dans la classe de l'école maternelle, les enfants m'ont demandé pourquoi Stan n'avait pas de cheveux. J'ai dissimulé mon trac, de peur d'être confrontée à la cruauté de ces enfants, et répondu : "Ooooh, c'est normal, quand on est malade, on a des bobos et après ça se répare, on perd ses dents, et elles repoussent... Les cheveux, c'est pareil." Les enfants étaient d'accord. Ils ont tous entouré Stan, l'ont réconforté, lui ont dit qu'eux aussi ont eu des soucis, et même plus graves que les siens : un bras dans le plâtre, un menton ouvert, un crâne recousu... Je me suis retenue de pleurer en me concentrant sur la respiration. Ils sont gentils, les enfants, quand ils ont cet âge-là. Après, ça se gâte. Ils deviennent des hommes souvent maltraités par la vie et donc méchants. Mais quand les enfants ont quatre ans, on dirait presque des chiens. »

***

Souvent, Maman m'emmène avec elle au supermarché. Elle me pose dans le caddie.

J'adore ça. Je me sens important. Nous arpentons les rayons. Coincé entre six rouleaux de papier toilette et un bac géant de lessive, je patiente avant d'arriver au rayon crémerie. Compartiment fromages veut dire Apéricube. Je salive, je jappe, l'excitation est trop forte, Maman me fait les gros yeux : « Du calme, Gaston ».

Nous y sommes. Il fait frisquet. Mon estomac est à cran. Hâte de me blottir contre mes carrés de fromage mou. Maman prend tout son temps devant les étalages, je l'encourage à accélérer en remuant la queue. Elle met dans le caddie des yaourts, crème fraîche, chèvre au poivre, chèvre aux herbes, fromage blanc de chèvre… Mais que se passe-t-il avec les chèvres, bon sang ? Voilà mes Apéricube. Maman s'attarde, regarde le rayon sans ouvrir la vitre à fromages et passe devant mes carrés de rêve sans les prendre…

J'ai le sentiment d'avoir raté un train qui ne repassera plus.

MAMAN À MOI

Elle ne les a peut-être pas vus ? Je grimpe sur les rouleaux de papier et éternue pour qu'elle réalise. Elle me regarde dans les yeux, s'arrête et fait demi-tour. Elle a compris. Elle est intelligente (vraiment). Elle ouvre le placard réfrigéré. Je sens un vent glacial. Grâce à Dieu, je suis poilu, je m'en sors. Mais quand je vois le chihuahua poil ras dans le caddie voisin, je le regarde avec compassion.

La main de Maman se dirige vers le haut à droite. Les Apéricube sont en bas à gauche. Mais enfin que fait-elle ? Sa main se saisit d'une plaquette de beurre. Le temps de réaliser que le placard vitré est refermé et qu'elle n'a pas pris mes fromages préférés… je me prends la plaquette de beurre sur la tête.

À ce moment précis la vie m'apparaît dure, injuste, ce sont toujours les mêmes qui paient. Il ne s'agit pas de rester l'échine courbée, d'accepter son sort sans se révolter. Je me redresse et m'apprête à aboyer lorsque je croise de nouveau le caddie avec le chihuahua à poil ras. Il me regarde avec un petit air de satisfaction. Il a trois paquets d'Apéricube en pile, sur le côté droit de son caddie.

Je fais comme si je n'avais rien vu. Mais lorsqu'il disparaît au bout du rayon, j'aboie pour manifester ma colère et je me fiche d'être au milieu de gens. Au contraire, je veux que tout le monde sache. Que l'on sache que la vie est cruelle, injuste, qu'il est temps que ça cesse ! Et que les chihuahuas sont des êtres sournois.

Une femme à l'âge faisandé se plaint du bruit. Maman est gênée, je le vois, ses bras se transforment en moulins à vent. Elle tente de me calmer. Je continue d'aboyer avant d'arriver nez à nez devant un paquet géant de croquettes. Ma rancœur s'évanouit. Mon cœur s'allège, ma langue sort. J'oublie tout et j'arrête d'aboyer.

Je suis au paradis. Nous sommes au rayon « canin », comme dit Maman. Aveuglé par de violents néons lumineux, je contemple un immense mur de paquets de croquettes tous plus magnifiques les uns que les autres. Brillants, mats, colorés, dorés, petits, grands… Je ne sais plus où donner de la gueule. Les croquettes sont toutes là. Bourguignon, blanquette de veau, végétarien, multivitaminées, pour les gros chiens, viens, petits... Maman prend toujours celles que je préfère, le paquet bleu clair avec une tête de chien très bien coiffé, courant près de sa maîtresse dans un jardin propre et rasé. J'observe la photo. Elle me fait rêver. À voir leurs yeux plongeant l'un dans l'autre, ils doivent avoir une relation sublime, c'est sans aucun doute grâce à ces croquettes. J'ai compris. Si moi aussi je mange ces croquettes, je rendrai Maman heureuse. Je rêve de devenir ce chien chic sur la photo.

Nous roulons dans un autre rayon maintenant, avec des objets bizarres et des paquets colorés qui se mangent. Des croquettes pour les humains ? Ont-ils besoin de tout ça pour vivre ?

Maman passe à la caisse. Le montant s'affiche. Son expression change. Son corps se tend, elle a chaud. Sa carte ne passe pas. Maman veut payer en liquide, mais d'après la caissière, il lui en manque. La dame, qui ressemble à un croisement de chien danois et de caniche géant, lui demande de se décider parce que c'est l'heure de fermer. Maman doit retirer des articles. Elle hésite. Le caniche géant croisé prévient : « Cinq minutes. »

Maman retire les produits qui ne servent à rien : Sopalin, sacs aspirateur, ciseaux coupe-œufs à double tête métal en acier inoxydable (ça en jette comme ça, trois euros c'est pas cher, on le prend mais ça ne sert à rien).

Soudain. Horreur.

Elle part avec mon sac de croquettes sous le bras et revient avec un autre, un rouge qu'elle pose sur le tapis roulant. Pendant que Maman paie, je regarde la tête du chien sur la photo, il est décevant ce chien, plutôt banal. Voire vulgaire. Surtout il a l'air seul.

Ce ne sont pas mes croquettes, le mien c'est le paquet bleu clair… Il faut que je le dise au caniche à la caisse ! Maman s'est trompée, elle ne voit rien. J'éternue. Elle me regarde et perçoit ma panique. Elle me caresse tendrement, glisse le paquet rouge dans son sac. C'est la première fois que Maman fait ça.

Hyper envie de pisser.

Elles sont molles ces croquettes, elles n'ont pas de goût. Je ne touche pas mon repas et pars m'affaler dans mon panier. Je crois que je couve un petit passage à vide. Pas d'appétit. Peu de motivation. Perte de la libido (aucun mollet ne me fait envie). Cauchemars fréquents. J'ai rêvé cette nuit que Maman me ramenait chez Nadine et récupérait son chèque. Le pire, c'est que je la comprenais parce qu'elle n'avait vraiment plus du tout d'argent. C'était affreux. Fontainebleau était devenu un marécage inquiétant. Greta n'était plus là et à la place il y avait trois Nadine.

C'est normal, je suis une éponge. Je comprends Maman, qui se prend tout dans la figure. La maladie de Stan. Pas d'argent. Pas de travail. Mais je me reprends. Elle doit pouvoir compter sur moi.

Je ne peux pas me reposer sur mes lauriers en restant assoupi dans mon panier. Je dois me réveiller, retrouver mon rôle de pilier familial. Je vais renifler partout dans l'appartement et trouver de l'argent.

Je me lève, houla, sans croquettes j'ai la tête qui tourne. Je me sens fébrile.

Heureusement qu'il y a Lucy. Tiens, elle doit sentir les choses elle aussi. La voilà qui me fait un câlin. Que c'est bon, une caresse de Lucy. Je lui fais une petite léchouille en retour sur la joue. Elle adore ça. Quand Lucy me câline, elle est tout à moi. Elle plonge ses yeux dans les miens. Ça me fait tout de suite l'effet d'une gomme qui efface les tracas. Grâce à elle, j'oublie dans la seconde mes croquettes molles.

***

Ce soir, Maman vérifie les devoirs de Stan. Ce moment est toujours compliqué. Sans doute parce qu'il est malade, elle ne lui passe rien. Et souvent, cet instant se termine en drame. Maman s'arme d'une immense patience, mais Stan refuse toujours de céder face à l'absurdité du système scolaire. Maman coule en premier. J'entends des cris, puis la petite voix de Maman :

« Il n'a pas mangé ses nouvelles croquettes ? »

Lucy, qui joue dans sa chambre mais garde toujours une oreille tendue, annonce qu'on doit racheter les bonnes croquettes.

Maman s'énerve :

« "On" ? C'est qui ce "on ? C'est moi ? Ce "on" à toutes les sauces, eh bien non, "on" ne rachètera pas d'autres croquettes. »

J'enregistre l'information, je déglutis. C'est ce paquet ou rien du tout. Car il va falloir faire des économies maintenant. Et avec une voix désespérée qui coule elle aussi, Maman fulmine :

« L'argent ne se trouve pas sous le sabot d'un cheval ! »

Franchement, je me pose la question. Pour quelles raisons l'argent pousserait sous les sabots d'un herbivore ?

Je déteste les haussements de ton, les portes qui claquent (et les bruits d'aspirateur). Mes oreilles sont très sensibles. Je préfère rejoindre Lucy dans sa chambre – toujours impeccablement rangée. Le lit fait, les peluches et les jouets à leur place, comme si elle ne voulait pas ajouter une couche de fatigue à Maman.

Je m'installe confortablement sur un de ses gros coussins en forme de champignon. Lucy finit ses devoirs qu'elle n'a pas, étant encore à l'école maternelle. Concentrée, un bout de langue sortie sur le côté, elle s'applique à terminer une phrase dont les lettres sont inventées. Soudain, une drôle de voix surgit d'elle. Une petite voix lente qui part dans les aigus à l'intonation coupable : « Quand est-ce que tu termines ton travail ? » C'est la voix d'Ernest le chameau. Lucy adore être habitée par la voix de ses peluches, en particulier celle d'Ernest. Lucy ne répond pas tout de suite à Ernest, prend son temps, souligne avec un certain goût de la perfection sa phrase, admire son travail bien fait, soupire de s'être donné autant de mal et referme son cahier, satisfaite. Puis elle se tourne vers Ernest et lui répond d'une voix lasse (de Maman d'Ernest cette fois-ci) : « Oui, Ernest, je suis à toi. Qu'est-ce qu'il y a ? » Ernest hésite puis répond très vite, comme pour se débarrasser de sa réponse : « Je crois que j'ai perdu mon manteau à l'école. »

« Comment ça perdu ? c'est une plaisanterie ? Tu sais ce que ça coûte un manteau ? » lui demande Lucy, irritée, puis en reprenant le ton de Maman en y ajoutant une pointe de désespoir : « L'argent ne se trouve pas sous le sabot d'un cheval ! »

Elle monte rapidement sur son lit pour atteindre, sur l'étagère, la potion qu'elle avait préparée. Elle trempe un doigt dans le verre et observe son breuvage. Son visage s'éclaire comme si quelque chose de magique s'était produit. Puis elle redescend du lit.

Ernest, hésitant : « Je l'ai pourtant accroché au porte-manteau, je crois bien. »

Lucy se radoucit : « Rappelle-toi, nom d'un chien. Où est-ce que tu l'as rangé ? Tu as demandé à ta maîtresse ? »

Ernest au bord des larmes : « Oui, mais elle n'avait pas le temps, elle regardera demain. »

Maman entre dans la chambre et regarde Lucy dans la peau d'Ernest se mettre dans tous ses états. « À table ! On t'attend depuis au moins dix minutes. »

Lucy prévient qu'elle ne viendra pas tant qu'Ernest ne fera pas l'effort de se rappeler où est rangé son manteau.

Maman patiente, mais rien n'y fait. Elle comprend que le seul moyen d'obtenir que Lucy vienne dîner est de s'adresser avec douceur au chameau qui s'exprime en Lucy. Elle lui demande donc de se rappeler où il a pu ranger ce manteau, parce que tout le monde a faim.

Ernest finit par répondre avec une petite voix honteuse : « Je l'ai prêté à Patrick le mouton, il est dans son cartable. »

« Eh bien voilà, c'est pas si compliqué, il le récupérera demain. C'est bon, on peut dîner maintenant ? » demande Maman.

Lucy regarde Ernest d'un air entendu : « On en reparlera plus tard, ce n'est pas le bon moment. » Puis elle sort de la chambre.

Je la suis d'un pas ferme, en accord avec elle.

***

Nana est venue aider maman. Elle range la cuisine, discute, aide pour un repas, donne le bain aux enfants, sans qu'on s'en rende compte. Son coup de main est délicat, discret, efficace. À son image.

Tandis que Maman termine de parsemer ses boulettes de viande de graines de coriandre écrasées, Nana prend un plat et lui demande de raconter la suite de l'hôpital.

« Est-ce que le garçon qui devait partager la chambre de Stan est venu ? »

Maman enfourne le plat de boulettes, verse un petit verre de vin à toutes les deux, boit presque d'une traite le sien.

« Gilles, l'infirmier, a une panique dans les yeux. Il me dit : "Le jeune garçon doit arriver d'une minute à l'autre, un peu de patience, Stan. Je suis aussi venu vous demander quelque chose. Est-ce que vous pourriez ne pas sortir pendant cinq minutes ?" Stan, intrigué, hoche la tête. Il demande une feuille pour dessiner. »

Maman sort alors les crayons de couleur. Stan commence à inonder la feuille de jaune soleil jusqu'au dernier recoin. Maman prend une feuille à son tour et dessine une petite fille. Ils colorient machinalement tous les deux chacun de leur côté, en silence.

Soudain des pleurs, des cris montent dans le couloir. Maman regarde par la fenêtre de la chambre et voit un groupe de personnes rassemblé autour de la chambre d'en face, celle que Maman ouvrait toujours par erreur.

Elle retourne dessiner et choisit les bonnes couleurs. Elle se concentre pour terminer les contours de la jupe de la petite fille en jaune soleil. Stan dessine maintenant un bonhomme avec plein de fils rouges qui le relient au ciel et à la terre.

On n'entend plus rien.

Les gens sont partis. La porte de la chambre d'en face est ouverte, ainsi que les volets. La pièce, aérée.

Maman retourne à son dessin, et s'applique pour que la petite fille ait un très joli visage, lumineux, aux lèvres roses et aux yeux clairs. Gilles revient, moins paniqué : « La famille est arrivée. Ils vont s'installer ici pour une dizaine de jours. Mais si vous le souhaitez, la chambre d'en face vient de se libérer.

Vous pouvez vous y installer, vous serez seuls. »

Maman claque des dents de nouveau. Comment est-il possible de prendre la chambre de la jeune fille qui vient de mourir il y a douze minutes ? se demande-t-elle.

Elle sort pour rencontrer cette nouvelle famille, mais ne voit personne.

Elle s'assied dans le couloir, absorbée par la porte ouverte de la chambre d'en face. À côté d'elle, une mère en surpoids insulte son fils de huit ans en surpoids, lui aussi, parce qu'il a jeté à la poubelle son hamburger qu'elle aurait bien fini. Le père, assis à côté d'eux, sort une grossièreté. La famille s'insulte. Le fils retire sa casquette, il n'a pas de cheveux. La mère regarde Maman et lui demande :

« On attend toujours comme ça ici, bordel ? »

Maman réalise que cette famille partagera la chambre de Stan. Elle les regarde en souriant tout en cherchant très vite une solution pour qu'ils ne s'installent pas.

Gilles passe en un éclair : « Tout va bien ? Surtout, si vous ressentez le besoin de sortir, n'hésitez pas, et si vous avez besoin de pleurer, n'hésitez pas et si…

Maman se lève et le coupe :

« On prend la chambre d'en face. »

« Comment as-tu pu aussi vite prendre cette décision ? » s'étonne Nana en écaillant son vernis rose pétard.

Maman se sert un autre verre et répond que c'est le bon sens. Vingt minutes plus tard, quand une autre famille aurait pris la chambre d'en face, elle sait qu'elle l'aurait regretté.

Et puis toujours cette peur qui empêche d'avancer… Si on hésite à prendre la chambre d'en face, c'est parce qu'on craint qu'il arrive la même chose à Stan qu'à cette jeune fille ? Façon « au suivant », comme dit Jacques Brel ? C'est idiot. C'est bête. Il ne nous arrivera rien. Maman préfère partager la chambre d'une jeune fille qui vient de mourir dont elle ne connaît même pas le prénom, et qui est encore un peu là, avec nous, plutôt que la vie insupportable avec cette famille. Partout dans un hôpital, des adultes et des enfants meurent. Et nous prenons leur place.

C'est la vie. Gilles refait le lit pour Stan, puis s'en va.

Maman le rattrape dans le couloir. Elle veut connaître le prénom de la jeune fille.

« Émilie », répond Gilles.

***

Maman sort les boulettes de viande du four avec un vieux torchon et se brûle.

Je bondis de mon canapé pour être près d'elle dans la seconde. Ça n'a pas l'air méchant mais tout de même, c'est mieux que je sois là.

Elle passe sa main sous le robinet d'eau froide en minimisant la brûlure, boit son verre et en propose un à Nana qui n'a pas encore touché le sien. Elle est déjà partie lui chercher de la crème Biafine dans la salle de bains. Nana en profite pour couler, bien sûr, je ne suis pas dupe.

***

Posté devant la porte d'entrée, j'a
Soudain, le son de la clef qui tourne. Je me
lève et remue la queue. Maman entre comme
un ouragan. Elle vient de passer des essais
pour un film, elle est d'excellente humeur.
C'est un rôle principal.

Elle nous raconte qu'elle n'a jamais joué
comme ça. Elle a interprété le rôle, dégagée
de toute pression, a eu l'impression d'être
dévorée par le personnage, comme si elle
n'avait rien à perdre. Le réalisateur lui a fait
comprendre que ses essais étaient convaincants. J'aboie pour la féliciter.

***

Nana et Lucy m'emmènent dans un espace
dédié aux chiens, au parc de Fontainebleau.
J'y rencontre souvent mes confrères.

Jim, le vieux croisé berger, est déjà sur
place. Il a été maltraité puis abandonné par sa
famille. Malgré cette vie, Jim n'est pas dans la
haine mais au contraire ouvert, sage et généreux. Il ressasse toujours la même histoire. Je
l'écoute avec attention parce que c'est une

boule d'affection qui me donne envie de le prendre dans mes pattes. Nous nous saluons et déjà, il se met à parler :

« J'ai la vue qui baisse. J'ai planqué un os et je ne le retrouve plus… J'oublie tout, c'est à cause du stress. Toujours les mêmes angoisses. Parfois, quand mon maître pourtant si gentil approche avec la laisse, j'ai des crises de panique. Je tremble, deviens associable, suis paralysé, et n'entends ni sa patience ni ses mots doux. Tout s'embrouille dans ma tête. Ces jours-là, je ne prends plus plaisir à rien. Ni à courir après la balle ni même à sortir. Ça me fait du bien de te parler, Gaston.

Je n'oublierai jamais le jour où c'est arrivé. J'étais amoureux de cette famille, fou de mon maître que je voyais si peu. Un jour il m'a emmené en voiture. J'étais heureux. Ça n'arrivait presque jamais parce qu'il était trop occupé. On est arrivés dans cette forêt et il m'a laissé là, accroché à un arbre avec cette épouvantable laisse. Je ne lui en ai pas voulu. J'étais sûr qu'il viendrait me rechercher. Mais il n'est jamais venu. Ce qui est dingue, c'est que je serais fou de joie de le recroiser. Ce serait une de ces fêtes ! C'est plus fort que moi. Je l'aime et je ne sais pas pourquoi. »

Je lui léchouille le visage. Pour changer de conversation, je lui demande de façon anodine, afin qu'il ne se rende pas compte que j'en pince pour elle, car oui, j'en pince pour elle… Bref, je lui demande où est Florette. Il me répond qu'il l'a vue hier, elle était joyeuse et s'apprêtait à partir en vacances avec sa famille.

La simple évocation du prénom Florette me fait battre le cœur. Je l'imagine pleine de vie, de bouclettes et de dialogues. Je suis obligé de constater qu'elle me manque. Ce sentiment m'envahit malgré moi de plus en plus souvent, avec la culpabilité ajoutée. Je reste lucide. J'aime Maman de façon inconditionnelle tandis que je suis attirée par Florette comme le chewing-gum par le poil.

Je lui réponds : « Ah cool, sympa », puis un blanc. Une gêne. Je ne veux pas qu'il s'imagine quoi que ce soit. Je profite d'une minute où Jim ne parle plus pour rêver. Florette et moi dans une même maison.

À dormir les pattes emmêlées et à partager nos croquettes…

« Salut, moi c'est Zamour. »

Une voix que je ne connais pas m'arrache à mes rêves. Je me retourne. Aussitôt je reconnais le chihuahua à poil ras du supermarché qui a raflé les Apéricube. Le même regard satisfait. Le visage d'un mois de janvier, de froid et de grisaille. Il est petit, maigre, noir et brun avec quelques poils gras sur le dessus de la tête. S'ajoute à ce physique ingrat une fine pellicule de transpiration sur le front. Je ne suis pas chien à me laisser impressionner, donc je le toise.

« On se connaît ?

— Non je ne crois pas. On n'est pas avec Maman aujourd'hui ? »

Je perçois l'ironie. Donc il m'a déjà vu, mais fait semblant de ne pas me reconnaître. Je ne relève pas. Ce chien est sournois, je m'en méfie.

« Non, pas aujourd'hui.

— Il paraît que tu as du mal à la quitter, et que tu es un béni-oui-oui avec elle. Tu dis Maman ou Môman ? Mais écoute-moi,

Gaston, tu te trompes. Méfie-toi des humains. J'aime pas cette race. Fais gaffe de pas devenir comme eux. »

Il n'y a pas que ses cheveux qui sont gras, sa pensée aussi. En même temps, qu'est-ce que j'imaginais ? Je suis fils de champion. Mon père, malgré son prénom « Gigi », avait son trophée chez Nadine. Je descends d'une lignée de battants. Je ne suis pas responsable de ma supériorité. J'hérite juste d'un pedigree hors norme.

« Zamour, tu as tort de sous-estimer l'humain. Maman a une sensibilité canine. Si on ne parle pas le même langage, elle comprend mes expressions, et je fais l'effort de la comprendre. C'est un être fidèle sur lequel je peux compter.

— Que tu crois. Jusqu'au jour où elle achètera un autre animal. Elle te délaissera, comme tous. Et le jour où elle rencontrera un homme, elle t'abandonnera. »

Zamour a ponctué sa dernière phrase d'un léger ricanement. Je ne me laisse pas déstabiliser.

« À part moi, je ne vois pas d'autre mâle. »

Je tente le même ricanement mais je le rate. Ses mots résonnent en moi comme une terrible prophétie. Maman, rencontrer un homme ? M'oublier ?...

« Tu es un chien, aboie-t-il.

— Maman aussi est un animal comme les autres. »

Jim intervient pour détendre l'atmosphère. Il approche sa grosse masse pelucheuse, sa voix est douce.

« Allons, les amis. Selon Darwin, notre lien de parenté à l'homme est aussi comportemental : l'intelligence, la raison, l'altruisme, l'esprit religieux et artistique que beaucoup de philosophes et de chiens cultivés considèrent comme "le propre de l'animal". »

Zamour l'interrompt :

« Oh, l'autre intello... Redescends sur terre. Essaie de retrouver ton os, déjà, avec ce qui te reste d'yeux. Tiens en parlant de concret, t'as pas vu Florette ? »

Un coup de poignard me transperce le cœur. Comment ces douces syllabes, « Florette », peuvent-elles sortir de cette langue pleine de fiel ? Comment la connaît-il ?

J'ai envie de lui bouffer un œil. Je vais le faire. Je croise le regard de Jim, j'y vois la patience et la raison. Je pense à la maladie de Stan, Lucy et sa potion magique et Maman que j'aime. Je me concentre sur ma respiration, me raisonne, pourtant ces mots sortent malgré moi de ma gueule :

« Florette et moi, on va vivre sous la même niche. »

Surpris par ma propre phrase, je continue, la tête haute, à soutenir le regard de Zamour.

Ce dernier reste sans voix. Jim dissimule un sourire derrière ses moustaches. Nous ne saluons pas l'affreux roquet et tournons les coussinets.

Sur le chemin du retour, je rumine. « On va vivre sous la même niche », non mais, qu'est-ce qui m'a pris. Ce n'est pas du tout ce que je pense. Et quand Florette le saura, que me dira-t-elle ? Ce n'est pas ça que je veux dans le fond ? Non, il n'y a que Maman qui compte. Trop de battements de cœur, trop de prénoms, trop d'amour. Je suis perdu. Pour me changer les idées, j'admire la ville uminée en ce jour de Noël. Des étoiles, des guirlandes lumineuses comme le visage de Maman.

Ce matin de Noël, justement, Maman, Stan, Lucy, Nana, Jean et moi déballons nos cadeaux. Des livres pour Jean, un parfum pour Nana, un beau pull blanc aux longs poils pour Maman… Elle l'enfile tout de suite. Lucy s'exclame : « C'est incroyable, avec ce pull, on dirait Gaston ! »

« Oh c'est exactement ce que je voulais », s'exclame Stan. Il a reçu un fer à souder pour bricoler ses fils électriques.

Lucy tient à ce que j'ouvre mon cadeau avant le sien. C'est certainement Maman qui l'a choisi. Je suis bouleversé. Ils ont pensé à moi. Les enfants m'aident à le déballer. C'est un beau manteau au col retourné moumoute avec, sur le tissu, des cœurs rouges imprimés. La splendeur ! Le manteau d'un tsar, d'un seigneur, d'un dominant. Je lèche la main de Maman pour la remercier. Lucy me l'enfile. Je suis fier mais je me sens engoncé, j'ai du mal à marcher. Comme je ne voudrais pas vexer Maman qui l'a acheté avec tendresse, je marche le plus lentement possible pour dissimuler la petite douleur qui s'installe entre mes deux pattes arrière. C'est normal, il faut du temps pour s'habituer. Tout le monde m'admire.

Au tour de Lucy. Elle déchire le papier cadeau. Mon sang se glace. Horreur. Un animal qui n'est pas moi ! Un hamster russe, un étranger. Un machin ovale, sans queue ni crocs, qui couine et tremble, couleur marronnasse. Une crotte velue. Tout le monde se penche sur lui, l'admire et m'oublie. Je suis seul avec mon manteau. Je frissonne. Un ascenseur de mélancolie monte instantanément en moi, je repense à la phrase de Zamour : « Elle achètera un autre animal et t'abandonnera. »

Lucy me prend tendrement et m'approche de sa cage.

« Gaston, je te présente Truffe. »

Ce nom ridicule ! Une syllabe, comme un rot ! Je refuse de le renifler. J'ai tout de suite envie de lui bouffer un œil. Ou plutôt de l'avaler. Après tout, c'est la loi de la nature. Les gros mangent les petits. Je suis jaloux, et pas d'accord du tout pour céder un bout de cœur de Maman. Je me sens trahi. C'est décidé, dès que tout le monde aura le dos tourné, je l'avalerai. Il est si petit, je n'en ferai qu'une bouchée. Je le ferai le plus vite possible pour que personne n'ait le temps de s'y attacher. Ça passera tout seul. Un hamster vaut bien un Apéricube.

***

À table, autour d'un pâté de sanglier, Maman est folle de joie. C'est bientôt l'anniversaire de Stan. Il va avoir neuf ans. Ce moment tant attendu. Cela veut dire que Stan sera guéri. GUÉRI. Maman espère ce moment depuis cinq ans. Elle parle de l'anniversaire et de la fête merveilleuse. On achètera des costumes, des décorations, des fleurs et du bon champagne. Vive les dépenses, maintenant c'est possible ! Maman nous l'annonce : elle a été choisie pour le rôle de son dernier casting. C'est inespéré. Elle a hâte de commencer à travailler. Le personnage est si intéressant. Une femme dans l'ombre qui prend peu à peu sa place. Sous nos yeux ébahis, Maman rit et se jette sur le sanglier avec avidité, sans se rendre compte qu'en parlant, quelques bouts de pâté s'égarent sur son pull en poil blanc.

***

Maintenant, l'appartement est vide. Les enfants sont à l'école et Maman est partie acheter des cadeaux pour l'anniversaire de Stan. Je suis seul. Ou presque. C'est le moment. Je m'approche de la cage de Truffe. Je le regarde. Qu'est-ce qu'il fait ? Il mange sans s'arrêter, c'est compulsif, il avale des poignées entières de graines jaunes (beurk). Il s'approche de moi et me regarde avec innocence. Ses petits yeux brillent comme des billes noires. Il ne se doute de rien concernant mes projets. Il est la candeur même. Il se roule dans sa litière pour me séduire, je vois son tapis aux poils très fins. Cette boule de délicatesse me renverse. Comment avoir envie de le dévorer ? Pas tout de suite. Je le regarde s'empiffrer. Il est impressionnant. Il a déjà mangé tout ce que Lucy lui a donné pour la journée. Je sais que cet appétit traduit un manque de tendresse. Moi aussi, j'ai connu ça, quand j'ai eu des périodes obsessionnelles avec les Apéricube. Et je préfère ne pas penser à Maman quand elle s'est jetée sur le pâté de sanglier. Truffe entre dans le tuyau que lui a installé Lucy pour faire ses exercices. Il est tellement occupé à digérer qu'il s'endort en plein milieu, brièvement, avant d'en ressortir avec un flegme que je trouve hilarant. Il me regarde encore pour me signifier sa performance. Il a besoin de reconnaissance. Je prends le temps de m'asseoir confortablement et de lui manifester mon attention. De mon poste, je l'observe. Sa démarche lente et maladroite est celle d'un mâle. Il a de toutes petites oreilles et de fières moustaches. Je te regarde, Truffe. Et je renonce à te bouffer.

***

Le matin de bonne heure, j'accompagne Maman faire les courses. C'est étrange : depuis qu'elle a goûté le pâté de sanglier, elle ne parle que de ça. Il lui en faut pour ce soir et demain midi. Elle entre dans la boucherie, je l'attends devant. Pour la première fois, je regarde la vitrine. Que s'est-il passé ici ? La guerre ? Des corps d'animaux morts sont exposés pour que les hommes les achètent. Donner envie de manger des cadavres entourés de beaux rubans dans une vitrine propre ? Quelle idée ! Quand je pense à Jim qui dit que l'homme est le propre de l'animal… Si j'entre dans la boucherie, j'y trouverai peut-être des têtes de voisins de l'immeuble avec du persil dans le nez, enrubannées de doré ? Je réalise qu'on est toujours le repas d'un autre. Et si je finissais dans l'assiette d'un inconnu, ou pire, d'un ami ? Je suis effrayé. Je pense à Truffe que j'ai failli avaler. Le con. À quel point il aurait été terrorisé de savoir qu'il allait être dévoré… Combien de temps aurait duré le supplice ? Est-ce que ces animaux connaissent leur sort ? S'ils sont sensibles comme Truffe, Jim ou moi, ils ont dû sentir depuis toujours leur finalité. J'ai froid dans le poil.

« Qu'est-ce que tu as, mon chien ? Pourquoi tu trembles ? »

Maman est sortie du carnage, chargée d'un bon sac. Elle doit avoir une faim de loup.

Nous attrapons un bus. Direction une boutique de décoration pour les fêtes d'anniversaire. Grâce au rôle qu'elle a décroché, Maman fredonne. Je vérifie son front : RAS, pas un pli.

Dans le magasin, elle ne sait plus où donner de la tête. Ballons, guirlandes colorées, jeux, piñata. Maman m'explique que la piñata est un récipient recouvert de papier mâché, rempli de friandises et de surprises. On la suspend en hauteur et les participants tentent de la briser avec un bâton pour libérer son contenu. Elle parle un peu fort. Elle remplit largement son sac. À la caisse, elle est heureuse de payer une note beaucoup plus lourde que le poids des ballons.

Nous attendons le bus de retour avec patience. Je ne crains plus le froid depuis que je suis vêtu de ma pelisse de tsar avec des cœurs rouges. Un bruit désagréable, que je connais, monte du sac de Maman. Son téléphone.

Au peu de mots que Maman prononce : « Enfants, garde… », je comprends qu'il s'agit du père de Stan et Lucy. La conversation est brève mais assez longue pour assombrir le visage de Maman. Elle raccroche. Son front se plisse.

Le bus est là. Sans attendre, Maman monte par la porte arrière en bousculant ceux qui descendent. J'éternue pour lui dire qu'il ne faut pas faire ça. C'est interdit, il y a des règles à respecter. Elle n'entend rien, je suis ses pas, régalant le bus de sourires polis pour dissimuler ma gêne… Il faut la comprendre, ce coup de fil l'a beaucoup perturbée. Fatiguée, elle s'effondre sur le siège et s'assoupit.

Par la fenêtre du bus, je regarde les gens passer. À scruter la tête de chacun, je peux imaginer leur vie. Lui doit être radin car tout est étriqué chez lui, son pull, son pantalon, son sourire. Celle-ci doit avoir trois enfants, avec une tête à toujours penser à devoir acheter un litre de lait. Celui-là déteste son travail : banquier, il se réfugie dans la nourriture et ne rentre plus dans son costume…

« J'ai envie de pisser. »

Cette phrase, c'est Maman qui vient de la prononcer. Elle s'est réveillée et parle tout haut, oubliant qu'elle est dans un bus. Elle a tant de choses à penser qu'elle efface le monde autour d'elle. Je lui lèche doucement la main pour le lui rappeler. Elle me regarde sans réagir et passe ses mains sur son pull blanc, qu'elle n'a toujours pas quitté depuis le matin de Noël. Puis elle se lève et lance à la cantonade :

« Envie de pisser. »

J'entends autour de moi des toussotements, des raclements de gorge.

Nous descendons au prochain arrêt que je trouve beaucoup trop long.

Arrive le jour tant attendu, celui de l'anniversaire de Stan. Maman et Nana sont surexcitées de cette journée qui s'annonce belle. Déjà, elles se réjouissent de voir Stan si heureux parce que ce matin, Maman lui a offert son cadeau. Un train électrique ! Il en rêvait depuis si longtemps. Grâce à l'argent du futur rôle principal, elle a choisi le plus grand train, tout en bois, avec des ponts, des gares... Toute la matinée, Stan et Lucy ont élaboré un circuit incroyable. Il traverse le salon, la chambre de Maman puis passe devant la cuisine pour rejoindre les chambres de Lucy et Stan. Lucy dit que ce sera pratique pour apporter le petit déjeuner à Maman. Elle n'aura qu'à déposer son café dans un wagon et Lucy actionnera le train qui arrivera au pied de son lit. Maman et Nana enjambent les rails pour terminer de suspendre une multitude de ballons rouges au plafond. Des roses, lys, mimosas et chemins de confettis embellissent la maison. Orangeades, bonbons, pâtés de sanglier et saucissons trônent sur la table. Maman se lèche les babines.

Joyeux de voir Maman joyeuse, je me distrais avec Truffe. Il est devenu iconique. Une ode à la paresse. Je passe une bonne partie de mon temps à le contempler. Il m'apaise. En l'observant, j'en apprends plus sur moi. Il n'a pas peur d'être seul. Il sait que nous sommes là, alors il se détend et profite de sa solitude. Il sait penser à lui. Prendre son temps pour sa toilette, ses exercices physiques, déjeuner toute la journée puis dormir quand il en a envie... Lucy est attentionnée envers cette petite bête, elle nous observe et voit notre complicité. Elle pose Truffe sur mon dos. Je le sens glisser dans mes poils, mon cou, et me faire toutes ces petites chatouilles qui font du bien. Ce nouveau contact physique me réjouit. C'est une nouvelle relation qui s'installe. Jim m'a dit qu'on appelait ça l'amitié.

« Tu devrais changer ton joli pull blanc, ma Valérie, il y a deux taches ici et là, signale Nana à Maman.

— Fait chier », répond-elle en crachant sur ses taches pour les frotter vigoureusement de son doigt.

À nouveau, le bruit désagréable du portable de Maman. Un ballon à la main, elle sourit en regardant son écran. Elle nous fait de grands signes pour obtenir le silence. C'est Éric, le réalisateur de son prochain film.

« Bonjour Éric, que je suis heureuse de... »

Maman ne termine pas sa phrase car Éric a beaucoup de choses à lui dire. Le visage de Maman est un paysage dans lequel j'aime me promener. Il y a tant d'expressions, de terrains, de lumière et d'ombre. Et quand je la vois muette et tendue comme maintenant, je sais que je m'aventure dans des contrées escarpées, voire dangereuses. Un silence s'installe. On n'entend plus que le crissement du ballon que Maman tient dans son poing serré. Elle halète comme moi quand je me concentre sur ma respiration. Ma promenade sent le ravin proche. Elle se met à crier :

« Vous croyez qu'on peut traiter les gens comme ça ! Connard ! Sale type ! Si je te croise un jour dans la rue, change de trottoir, parce que je te bouffe la gueule, double raclure ! »

Sans se rendre compte qu'Éric a déjà raccroché, Maman lui envoie encore deux ou trois insultes que je ne peux répéter tant elles sont grossières.

C'est la première fois que je vois Maman aboyer. Nous nous regardons tous, effarés. Même Truffe s'est arrêté de manger. Maman

son ballon qui fait un « pffff » ridi-
. Nous sommes suspendus à ses lèvres.
D'une voix blanche, elle nous explique que
le producteur a fait lire le scénario à une
actrice « connue » qui a accepté. Même si les
essais de Maman sont excellents, restituant
les personnages avec drôlerie et invention,
le producteur a préféré prendre « un nom »
pour faciliter le financement.

Je pense à tant d'artistes talentueux qui
travailleront peu ou mal parce que quelqu'un
de plus « connu » passera avant eux. Ce
métier c'est tout ou rien, il n'y a pas de juste
milieu. Pour Maman, je veux que ce soit tout
et j'y veillerai.

D'échec en échec, on construit le succès.
Et puis, un échec, n'est-ce pas une chose
que l'on n'a pas encore réussie ? Moi, chien,
héritier d'une lignée de puissants, je pense
qu'on peut voir la vie de deux façons. Soit
on rumine une défaite en regardant un avenir flou, soit on considère l'insuccès comme
une expérience passée. Dans le premier cas,
c'est un frein, dans le second, un starter.
Est-ce que je ne suis pas l'exemple type de

la réussite ? Quand je suis arrivé, je ne pouvais pas gravir deux marches. Oui, j'aurais pu me lamenter en me disant que la vie est injuste et cruelle parce que mes pattes sont trop courtes, mais j'ai surmonté ce handicap et aujourd'hui je monte les quatre étages sans même y penser, motivé par l'audace de Papa, ce champion.

J'éternue pour encourager Maman. Stan et Lucy s'approchent d'elle pour la câliner. Elle les embrasse à son tour et lâche :

« On s'en fiche. Je vais laisser tomber ce métier. Voyons, qu'est-ce que je pourrais faire alors ? Y réfléchir… En attendant, rien ni personne ne gâchera cette journée. C'est la fête !

— Non, corrige doucement Nana. Tu es faite pour ce métier. Mais tu dois travailler avec les bonnes personnes, pas avec celles qui ne te méritent pas et ne méritent certainement pas que tu te mettes dans cet état. »

Maman fait une moue qui signifie : « Je ne regrette pas d'avoir aboyé. »

Décidément, elle a du chien.

Le premier coup de sonnette retentit. Dès l'instant où les amis arrivent, tout est oublié. Stan et Lucy se précipitent pour montrer leur chambre et leurs jouets. Les enfants ont cette capacité de vivre l'instant présent. Ce qui s'est produit trente minutes auparavant appartient au passé. C'est leur point commun avec les poissons rouges. Ils s'agglutinent autour du train et ne savent plus où donner de la tête. Ils installent les ponts, reconstruisent les routes. Une girafe embarque dans un wagon. Lucy emprunte la voix du chef de gare, contrôle les billets et empêche un éléphant de passer car il n'a pas sa carte de réduction SNCF. Stan n'arrête pas de rire.

J'ai un œil sur Maman, perchée sur un petit escabeau. Avec l'aide de Nana, elle suspend la piñata. Elle explique que celle-ci, en forme d'étoile, vient de Chine. Elle représente le diable et les sept péchés capitaux. Casser la piñata symbolise donc la victoire contre le mal. Les cadeaux dedans sont les bienfaits à venir.

« Joyeux anniversaire ! Joyeux anniversaire, Stan ! »

MAMAN À MOI

Maman et Lucy apportent le beau gâteau au chocolat. En un souffle, Stan a éteint ses neuf bougies. Neuf ans, c'est à peine croyable ! Nana est émue aux larmes. Je me trémousse sur le dos pour manifester mon immense joie. Lucy, qui a avalé avant tout le monde une part de gâteau trop grosse pour sa bouche, a une crise de rire. Elle rit tant qu'elle finit au sol roulée en boule à mes côtés. Maman applaudit encore et sourit constamment, mais elle a l'air ailleurs, je le vois bien. Elle a les yeux dans le vague. Tant de nuits, depuis cinq ans, à ne pas dormir. Tant de prières. Pendant ces années, elle a tout donné, et s'il avait fallu donner sa vie, elle l'aurait fait. Matériellement aussi, le peu d'argent qu'elle a sert à ses enfants. L'argent du rôle principal, elle est passée si près... Et puis, dans le fond, elle pense que le matériel est au bonheur ce que Zamour est à la race canine : accessoire. Elle trouve le rapport à l'argent absurde. Elle cite souvent cette phrase misérable et triomphante d'une mère à la sortie de l'école : « J'ai eu un bon de réduction pour ma place de parking. » Est-ce que la mort nous offrira un bon de réduction ?

Elle a tant imaginé, rêvé, attendu ce moment qu'elle a du mal à le réaliser, il faut la comprendre. Elle est cotonneuse. Les parts de gâteaux vite abandonnées, les enfants se retrouvent autour de la piñata. Stan se saisit du bâton et ouvre le jeu. Drôle de plaisir que de s'acharner sur un objet. À tour de rôle, les enfants tentent leur chance. Après deux tours, rien ne se passe, la piñata reste intacte.

« Laissez-moi essayer, propose Maman.
— Valérie ! Valérie ! Valérie ! » scandent les enfants autour d'elle.

Maman s'arme du bâton et se concentre pour viser juste. Son visage se transforme et devient féroce, ses babines se retroussent. Les enfants se reculent, apeurés. Elle tape. Avec une férocité ! Elle y met tant de précision et de violence que la piñata éclate, les bonbons et surprises se déversent.

Maman se trémousse de joie, je l'imite en remuant la queue.

Les enfants se partagent les trésors. Maman et Nana mettent un peu d'ordre dans la maison.

« Tu as dépensé beaucoup pour cette fête, glisse Nana. Le train, l'anniversaire… C'est de l'argent que tu ne gagneras pas. Je veux t'aider et participer.

— On s'en fiche, maugrée Maman. L'argent… Tout va bien. Laisse les assiettes, je m'en occuperai, je vais m'assoupir deux minutes. »

Elle se dirige lentement vers sa chambre.

Les enfants, surexcités, demandent à Nana de partir jouer au parc.

« Va demander doucement à Maman, elle se repose dans sa chambre. » Stan et moi entrons dans la niche de Maman qui ronfle comme une chaudière. Je n'aime pas quand Maman dort. Ce n'est pas elle. Elle est pleine de vie d'habitude, debout, toujours vaillante. Je reste allongé près d'elle. Je veille. Stan referme doucement la porte.

La nuit est tombée. Aux pieds de Maman, je dors d'un sommeil brouillé. Je suis réveillé par un drôle de rêve. Un très grand chien mastique contre mon oreille. C'est assez incommodant. J'ai beaucoup de mal à supporter les gens qui mangent la bouche ouverte. C'est une façon désagréable d'imposer leur intimité. Le pire, ce sont les mini-bruits de mastication. Par exemple les gens qui s'expriment si bien à la radio, mais qui entre deux phrases ne peuvent s'empêcher de faire des petits bruits de bouche. Est-ce moi qui en vieillissant deviens trop sensible ? Impossible de me rendormir. J'entends toujours les bruits de mastication. Ou je deviens fou, ou il y a un animal dans la maison. Mes oreilles se dressent. Je suis en alerte. Je préviens Maman qu'un animal doit rôder dans le noir. Je gratte sur son lit. Elle n'y est plus. Où est-elle ? Je renifle et me dirige avec prudence vers la cuisine, c'est de là que viennent le bruit et l'odeur. Car je renifle le même carnage de la boucherie. J'ai peur. Pourvu qu'il ne soit rien arrivé à Maman. Je ferai tout pour elle, je dresse mes oreilles, montre mes dents, mais tout de même je reste prudent. Les bruits se précisent au fur et à mesure que je m'approche de la cuisine, et les odeurs se

font plus oppressantes. Je suis devan[t]
La frayeur envahit chacun de mes [?]
poils. Nom d'un bonhomme, je suis Gaston, ce chien sans peur et protecteur. Quitte à y laisser ma vie, je dois venir en aide à Maman. Sans hésiter, je pousse la porte de la cuisine, et les yeux fermés, effrayé du spectacle qui m'attend, j'aboie de toutes mes forces.

« Stoooooop ! »

La voix de Maman me coupe net. J'ouvre les yeux. Pas d'animal féroce, pas de dobermann ni de dragon, mais le spectacle le plus triste de ma vie.

Maman est recroquevillée sur une chaise au milieu de la cuisine. Son pull blanc est recouvert de taches de viande. Une assiette sur les genoux, elle dévore avec les doigts le reste de viande crue, en morceaux. Je reste sans voix. Elle est absorbée par son appétit, m'ignore, mastique. Or, Maman n'est pas quelqu'un qui mastique. Comme je l'expliquais tout à l'heure, il y a un monde derrière la mastication. C'est là que commence l'incivilité. Et ça c'est inquiétant. Que lui arrive-t-il ? Quelque chose ne va pas. Je lui mordille le bas du jogging pour qu'elle revienne à elle. Elle ne réagit pas. Je tire sur le tissu, le déchire. Maman s'arrête, me regarde.

« Quoi, Gaston ? Pourquoi tu me regardes comme ça ?... J'ai faim. »

Elle avale sa dernière bouchée sans même m'en proposer. Maman qui, depuis toujours, a le goût du partage... De toute façon, depuis le massacre de la vitrine de la boucherie, j'ai l'appétit coupé. Je sens que je pourrais devenir végétarien. Quoique, une toute dernière fois, je ne dirais pas non à un morceau d'entrecôte pour la route... Je baisse la tête, impuissant. Alors j'entends la petite voix de Maman, pleine de viande et de tendresse.

« Je t'aime, Gaston. »

Je lève la tête vers elle. Je lui réponds avec beaucoup de douceur.

« Moi aussi. Même si en ce moment, tu m'alarmes un peu. »

***

Sur le chemin de l'école Maman traîne la patte. Moi aussi, toujours pas habitué à mon manteau. Je croise des chiens qui ressemblent furieusement à leur maître. Leur portrait craché ! Un cocker se promène avec sa maîtresse aux cheveux longs, gras et tristes comme les oreilles du chien. Est-ce que je ressemble à Maman, moi aussi ? Je la regarde. Définitivement, oui. Est-ce elle qui déteint sur moi ou le contraire ? Pourtant, au départ nous n'avons rien en commun. Je suis un chien, elle une femme. Elle est bavarde, j'économise mon langage. Je suis poilu, elle l'est moins. Mais, depuis le départ, Maman se cachait en moi sourdement et vice-versa. Et nous voilà aujourd'hui, identiques. Les mêmes poils blancs : elle le pull, moi le pelage. Nous avons la même capacité d'endurance. Elle a appris l'école de la patience et de l'humilité à l'hôpital et moi, comme ceux de ma race, je m'adapte sans cesse au monde des humains sans jamais me plaindre. Et puis Maman ne se laisse pas faire, elle a un caractère de chien.

Pour résumer, en toute modestie et sans vouloir gêner personne, nous formons un beau couple de champions.

Soudain, malgré son pas fatigué, Maman lâche :

« Ah, je ne vous ai pas dit ? J'arrête mon métier. On me propose un tout petit rôle dans une série. Moi, c'est le personnage principal qui m'intéresse. Je ne l'aurai jamais. Alors j'arrête tout. Ce n'est pas grave, il y a mille choses fabuleuses à faire dans la vie. »

Les enfants ne répondent rien et moi non plus. Alors Stan plante ses yeux dans ceux de Maman et lui conseille :

« Demande à rencontrer le réalisateur et dis-lui que tu veux faire ce rôle principal.

— Je n'oserai pas. Il m'enverra promener.

— Si tu lui expliques pourquoi, il comprendra. »

Subitement envahie par une bouffée de chaleur, Maman ouvre son manteau et laisse découvrir son pull parsemé de taches.

« Ton pull est un peu sale », glisse tranquillement Lucy.

Maman referme lentement sa veste.

Une fois les enfants en classe, nous passons par le parc. Je me précipite sur mon ami Jim, la vieille peluche. Je partage mon inquiétude en ce qui concerne Maman. Son comportement n'est pas normal. Jim m'écoute avec attention et me demande :

« Est-ce qu'elle dort plus que d'habitude ?

— Oui, beaucoup, je dois la réveiller pour me sortir.

— Est-ce que son champ lexical rétrécit ?

— Oui, ces derniers temps, elle ne parle presque plus, ou seulement pour dire : "Putain", "chier", "raclure".

— Je vois. Laisse-t-elle pousser les poils ?

— J'en ai vu plein sur les jambes.

— C'est un des symptômes chez la femme.

— Symptôme ? Elle a une maladie ? »

Je me lèche les pattes pour calmer l'angoisse. Jim me regarde avec tendresse et m'annonce le verdict :

« Elle fait une dépression. Tu sais, Gaston, l'homme est un animal particulier, mais comme nous, il est doué de sensibilité. Il semble que ta Maman dispose d'un gros surplus... En cas de non-maîtrise d'événements douloureux, elle penche complètement du côté de l'animal, en l'occurrence du chien. Regarde-la : déjà elle n'est plus aussi verticale, elle s'abaisse vers l'avant. Bientôt, elle sera à ta hauteur ! Aide-la à se redresser. Relève-la. Empêche-la de dormir en l'obligeant à sortir, qu'il vente, pleuve ou neige. Le rituel de la promenade l'obligera à regarder sa vie à la loupe. Si elle se plie à la contrainte de la sortie, elle se sentira responsable. Et comme un devoir n'arrive jamais seul, elle se fixera ensuite pour mission de te soigner. Pour se soigner elle-même ensuite.

Emmène-la où il y a du monde. Fais en sorte qu'elle parle avec le maximum de personnes. Surtout si elle retire ce vilain pull, elle finira par rencontrer quelqu'un. Qu'est-ce qu'elle mange ?

— De la viande rouge et du pâté de sanglier.

— Péril. Aide-la. On est ce que l'on mange. Or, la viande c'est du cadavre.

— D'accord, mais tu as déjà flairé une entrecôte ?... Je me damnerais pour ce cadavre.

— Gaston, il faut mettre la vie dans le corps de Maman, et non la mort. Montre l'exemple. Refuse la viande. Deviens végétarien. Ou du moins flexitarien. C'est-à-dire que tu limites au maximum ta consommation. Je le fais depuis des années, ça se passe très bien. Comment crois-tu que Léonard de Vinci maintenait son cerveau en alerte ? Il était végétarien parce qu'il refusait que son corps soit une sépulture pour d'autres êtres.

— Merci Jim pour... »

Pas le temps de terminer ma phrase. Maman tire sur la laisse. Je la tire dans l'autre sens pour l'emmener vers un groupe. Elle se laisse porter. Un rayon de soleil nous accompagne. Est-ce le début du printemps ou la magie des paroles de Jim qui opère, mais la voilà déjà en discussion avec les uns et les autres. J'observe de loin quelques chiens, dont la silhouette de Florette. J'aboie. Maman me libère de ma laisse.

Sans me précipiter, dissimulant ma joie, je me dirige vers Florette. En marchant calmement, elle verra ainsi que je suis quelqu'un de bien, tempéré, élégant avec mon beau manteau à cœurs que j'ai mis, je l'avoue, dans l'espoir de la rencontrer. Et puis maintenant, j'ai des responsabilités avec la mission de relever Maman, et cela se sent forcément dans ma démarche.

Je m'approche du groupe de chiens. Ils discutent entre eux sans me voir. Il y a Florette, deux boxers jumeaux molosses, et Zamour, encore lui. Je lance, d'une queue enjouée :

« Salut !

— Oh, Gaston, ça fait plaisir de te voir », dit Florette, guillerette, avec une bouche pleine de babines. Les autres ne me saluent pas et me toisent avec un air méprisant. J'ai très envie de leur bouffer un œil mais je me retiens, ils sont trois, chacun avec une tête de tueur, surtout les jumeaux. L'un d'eux s'approche, me renifle le col, tandis que l'autre fixe un de mes cœurs. Non que je sois lâche, mais je les laisse faire, c'est plus prudent.

« Tu as un beau manteau, Gaston, susurre Florette.
— Ils font les mêmes pour homme ? » tacle Zamour.

Florette baisse les yeux. Les autres ricanent tout en continuant de me fixer. Je voudrais ne plus être là. Disparaître. Je souffre. Je suis humilié. Je tente de dissimuler mon malaise.

« C'est pour rigoler, les cœurs », dis-je avec une volonté de sourire sur un fond tragique, tout en trahissant mon manteau. À voir leur corps se trémousser, j'entends leur cascade de rire, de moqueries, de méchanceté. Florette murmure des choses comme : « Ils sont bêtes… ne pas les écouter » et puis d'autres mots que j'entends à peine. Les feuilles des arbres frémissent comme si la nature se moquait de moi, elle aussi. Mes yeux et mes oreilles sont dans un brouillard. Je ne perçois plus rien. Il me semble que Zamour lance : « C'était marrant de te voir ! À plus tard ! » Puis je me retrouve seul. Les feuilles ne frémissent plus. Je reprends mes esprits et mon manteau, ensemble nous nous dirigeons vers Maman.

Sur le chemin du retour, je l'observe prendre sa respiration, sortir le téléphone, composer un numéro. Sa voix est à la fois ferme et enjôleuse. Je comprends qu'elle s'adresse au réalisateur de la série et, avec l'audace de quelqu'un qui n'a plus rien à perdre, elle lui explique qu'elle souhaiterait jouer le rôle qui l'intéresse.

Elle raccroche, se penche vers moi.

« Il va prendre son temps pour réfléchir. Je ne regrette pas de lui avoir demandé, Stan a raison. »

Elle accélère.

En attendant que le feu passe au vert, mon regard s'égare sur la droite. En une fraction de seconde, je capte une vision de cauchemar. C'est un mauvais rêve. Florette et Zamour en train de… Je me tourne franchement dans leur direction. Ils sont là, sous mes yeux. « Des rapports. » Ils ont, devant moi, « des rapports ». Zamour, à moitié debout, secoue ma pauvre Florette. Sa tête balance d'avant en arrière, comme celle des chiens en plastique dans les voitures. L'horreur. Je pivote lentement vers Maman, en automate. Elle parle seule en répétant sa liste de courses, et n'a donc rien remarqué. Tant mieux. Je ne veux pas qu'elle sache. Mes histoires personnelles ne la regardent pas. Et ce piéton lumineux qui n'en finit plus d'être rouge. Jamais je n'aurai subi de ma vie un feu aussi long.

Florette a donc choisi Zamour, cet exhibitionniste, ce petit, cet égocentré, ce sournois, ce minable. Elle ne me mérite pas. Je suis fou de rage. Les mots ne seront jamais assez forts pour décrire ce que je ressens. Je compte jusqu'à dix et fixe obsessionnellement le piéton lumineux en espérant qu'il change de couleur. J'encaisse le coup en prenant sur moi pour ne pas aboyer. Onze : le piéton est vert. Je traverse la rue en regardant devant moi. Soudain je pense à Papa. Lui aussi a dû surmonter des épreuves. Soit. En souvenir de mon père champion, je reste droit. Pas de drame ni de couinement. Je promène ma douleur avec dignité. J'oublierai le va-et-vient dégoûtant de la tête de Florette. Une page de ma vie vient de se tourner.

***

Depuis plusieurs jours, en vertu des conseils de Jim, et aussi pour oublier ce que j'ai vu, je passe mes journées à veiller sur Maman.

Je l'empêche de se recoucher après avoir emmené les enfants à l'école. Je l'oblige à sortir en aboyant, tirant sur sa couette ou léchant ses oreilles. Je freine des deux pattes avant face à la porte de Nana pour nous arrêter. Souvent Maman, Nana et moi partons nous promener en évitant de passer devant la boucherie. À ce rythme, j'obtiens les premiers signes de redressement. Je remarque que Maman respire avec lenteur les premiers effluves du printemps, qu'elle échange un ou deux mots avec des inconnus. La parole revient petit à petit. Je ne me réjouis pas tout de suite. Je la surveille comme le lait sur le feu. Déjà, nous mangeons de moins en moins souvent de la viande. Nana lui apporte des petits artichauts farcis ou de délicieuses salades. Lucy fait sourire Maman en obligeant Ernest le chameau à terminer son assiette, et Stan se met à travailler seul pour la première fois. De mon côté, la blessure liée à Florette cicatrise lentement. Finalement, je m'en sors bien. Le chagrin de l'avoir perdue est moins puissant que la colère d'avoir été trahi. Car on ne trahit pas les rois, jamais. C'est vain : ils retombent toujours sur leurs pattes. La preuve par moi. Et puis, je méprise trop Zamour et Florette pour leur offrir le privilège de ma peine. Finalement, l'orgueil a vraiment du bon. Ça aussi, je dois le tenir de Papa.

Et puis un jour, alors que je suis en train de discuter avec mes trois amis, Truffe, Stan et Lucy, nous entendons la clef dans la porte. C'est Maman qui entre d'une humeur différente. Je le sens tout de suite, dans sa façon de marcher, plus souple, de ranger son sac d'un air guilleret. Elle occupe tout l'espace. Je ne suis pas le seul à percevoir ce changement. Les enfants ne disent plus un mot et l'observent. Elle retire son manteau avec une grâce de danseuse. Elle a changé de pull. Un bleu clair, de ciel ou d'océan, plein d'écume et de fruits de mer. Il est léger et sans poil, comme quand je reviens du toilettage au début du printemps. Ses yeux aussi ont changé de couleur, aussi étincelants qu'un emballage lustré d'Apéricube. Ses joues sont deux petites braises rougeoyantes.

« Tu es belle, Maman », résume Stan.

Lucy et moi confirmons par des frétillements du corps.

« Merci mes amours. Je viens de passer un chouette moment. J'ai déjeuné avec un homme charmant et drôle. Je crois qu'il me plaît. Mais je ne rêve pas. J'ai peu de chance de le revoir. Qui voudrait d'une femme au chômage avec deux enfants ? Tant pis. J'ai passé un délicieux moment. »

La découvrir ainsi, aussi jolie, un peu flottante, est étrange. Comme si Maman s'éloignait de moi. Un sentiment de solitude m'envahit. Je me jette sur elle, gratte ses jambes de mes coussinets, je supplie :

« Comment ça, deux enfants ? Tu n... pas parlé de moi ? Je rêve, tu rencontres... homme et ne lui parles pas de moi ? »

Elle me caresse distraitement. Je m'allonge à ses pieds avec la docilité du désespoir.

« J'ai quelque chose d'important à vous dire. Je suis prise pour le rôle que je voulais dans la série, le fameux rôle principal. J'ai passé les essais. Et je suis engagée. Grâce à toi, mon Stan, qui m'as encouragée à rappeler le réalisateur, grâce à toi, ma Lucy, qui me fais rire pour m'empêcher de pleurer, grâce à toi, mon Gaston, qui m'obliges à me lever... Et cette fois, c'est sûr, ils ne changeront pas d'actrice. Le tournage commence le mois prochain. »

Sans oser y croire, on se regarde tous avec un mélange de fierté et de soulagement.

« Comment s'appellera cette série ? demande Stan.

— "Fais pas ci, Fais pas ça". L'histoire de deux familles très différentes. Je ne sais pas encore comment sera mon personnage, il s'appelle Fabienne Lepic, mais je sais que je vais pouvoir y mettre toutes mes frustrations, difficultés, absurdités de la vie, et tout ça, dans la joie. Car il n'y a rien de plus merveilleux que de faire rire et faire du bien aux gens. La joie augmente la force de vivre. »

Elle part dans la cuisine en chantonnant. Déjà je sens les bonnes odeurs d'épices. Je l'entends téléphoner pour annoncer la bonne nouvelle à Nana, qui ne tarde pas à nous rejoindre.
La musique, les enfants qui dansent, les bracelets de Nana, les effluves de cuisine : Maman est revenue, et avec elle, la vie. J'attends ce moment depuis si longtemps. Ma truffe est humide. J'ai envie de pisser mais je me retiens, je suis un chien civilisé.

***

Ça y est, Maman a commencé à travailler. Elle part tôt le matin, rentre tard. Finies, les matinées douces d'accompagnement à l'école, de marché, de Fontainebleau… Désormais c'est Maria qui vient chercher les enfants. Maria est une sorte de chihuahua aux poils longs et clairs, petite et polonaise. Maman l'aime bien. Elle a l'air gentille au premier abord mais je m'en méfie : elle m'attrape le collier brusquement, avec une pointe d'agacement. Lucy le voit aussi. On ne dit rien pour le moment, mais on saura se liguer pour faire front. Je m'adapte. Quand Maman est heureuse, je le suis aussi. Il faut dire la vérité, je ne l'ai jamais vue aussi épanouie.

Je l'accompagne parfois sur le tournage. La plupart du temps, il a lieu dans la ville de Sèvres, près de Paris. L'équipe se retrouve pour deux mois dans une belle et grande maison. Le rythme est intense. Impossible de prendre le temps de se concentrer pour obtenir une émotion. Il faut être excellent tout de suite. Maman dit qu'en tournant aussi vite et en retrouvant aussi souvent son personnage, elle n'a jamais appris autant. Je suis fier d'elle. Et de moi, parce qu'il faut le dire, beaucoup m'admirent. Quoique, si depuis des années les gens nous arrêtent dans la rue pour me prendre en photo, c'est maintenant pour photographier Maman. Je m'adapte à cette nouvelle notoriété. Désormais, Maman n'est plus tout à fait à moi. Elle appartient un peu aux gens. Ils l'arrêtent dans la rue, lui disent : « C'est incroyable, Mme Lepic c'est moi, tout le monde à la maison dit que je vous ressemble » ou « ma femme était gravement malade, grâce à vous elle a supporté sa maladie en riant au quotidien ». Je vois Maman se redresser de jour en jour, prenant conscience de la joie qu'elle donne aux gens. Elle se laisse photographier par ses fans, parce qu'elle est reconnaissante et toujours réjouie de leurs gentils mots. J'avoue, c'est agréable d'être le chien d'une actrice en vue. Zamour ne peut pas en dire autant.

Parfois Maman reçoit une lettre de la banque, elle l'ouvre en chantonnant. Il n'y a plus de factures qui recouvrent la table de la cuisine, ni de plis sur son front. Je note la même expression détendue, le même léger sourire quand son portable lui signale un texto. Sans doute le gars qui avait fait rougeoyer ses joues. Il faut croire qu'il n'a pas lâché l'affaire. Maman, qui n'est pas douée en technologie, dit à voix haute la réponse qu'elle est en train de rédiger. Avec un air ravi, les deux pouces en ébullition, je l'entends : « Moi aussi, mon cher Vadim… »

Ok. Vadim.

Un jour, je t'aurai.

Des propositions pour d'autres films tombent comme par magie. Les fleurs et les bonnes croquettes semblent pousser du sol. Maman s'organise. Elle a peint un petit tableau noir dans la cuisine où elle note les menus des enfants pour la semaine. Lucy déchiffre la petite note en haut à droite. « Urgent : acheter Apéricube parfum nature paquets par trois. »

« Tu vois, maman pense à nous, dit Lucy en me caressant. Elle devient célèbre mais elle ne nous laissera jamais. »

***

Aujourd'hui nous voyageons vers Nantes pour rejoindre un tournage. Je prends vite l'habitude : la voiture, le train, « on the road again ». Le tournage fini, nous rentrons à l'hôtel. Maman discute de son rôle avec le réalisateur, Étienne Chatiliez, et un acteur, à ce que j'ai compris il s'appelle Eddy Mitchett (ou Mitchell, enfin un nom un peu américain), et Alexandra Tamy, très sympa (Lamy ? Damy ? J'ai l'ouïe fine, mais je ne retiens pas tous les noms). Mitchett aussi est sympa, le soir il raconte plein d'anecdotes croustillantes qu'il a vécues. Et vu son âge, il en connaît des histoires... Il me fait goûter son whisky. Le soir, Maman, Alexandra et les autres acteurs se mettent au piano et chantent à fond le répertoire de Mitchett, qui doit avoir les oreilles sensibles car il préfère rester dans sa chambre. Mais ce n'est pas le plus important. Le point crucial, c'est que Maman m'exaspère ! Elle n'est plus la mienne, absorbée par son travail, les autres, son rôle... Elle m'oublie ! C'est vrai qu'Eddy Mitchett chante bien « Couleur menthe à l'eau », c'est beau, je reconnais. Mais je vaux mieux qu'une chouette chanson ! Pour que Maman se souvienne de moi, je me retourne sur le dos en gigotant dans tous les sens, je frotte mes oreilles avec mes pattes et enfin, Maman ne regarde que moi. Héhé.

Un autre jour, nous voici à Épinay-sur-Seine, dans un immense et drôle de studio qui regorge de décors. Rue, appartement, intérieur d'une caravane... Tout est construit dans ce lieu insonorisé et équipé d'énormes projecteurs.

J'ai un copain : Billy, un petit Jack Russell plein de charme et de chic. Billy est le chien d'un grand gars drôle et blond nommé Benoît Poulevorde (son nom ne s'écrit pas comme on l'entend parce qu'il est belge, Billy est donc mon premier ami étranger). Maman et lui se partagent le plateau du film *Venise n'est pas en Italie* réalisé par Ivan Calbérac (j'ai vu l'affiche, pas mal, Maman porte un splendide petit polo framboise). J'envie Billy car il ne se sépare jamais de Benoît. Il est tout à lui. J'adorerais être aussi fusionnel avec Maman.

Par exemple, à la pause déjeuner, Benoît se précipite pour arriver en premier à la cantine et préparer une assiette. Haricots verts, un peu de bœuf, du jambon, une once de purée de carotte. Il choisit une table agréable loin du monde, s'installe et dépose l'assiette à ses pieds. Billy accourt, se régale. C'est une joie de voir le visage satisfait de Benoît. Ensuite, et seulement ensuite, quand Billy a bien mangé, Benoît peut penser à lui.

Billy le lui rend bien. Il protège son maître avant tout. Si l'on s'approche trop près ou si on entre dans sa loge sans y être invité, il gronde et montre les crocs.

Billy et moi sommes de bons amis, enfermés dans la loge, pendant que Maman pleure de rire du matin au soir en jouant avec cet acteur exceptionnel.

Mais, comme Benoît n'aime pas que son chien reste enfermé, il oublie souvent de fermer la loge…

Cela dit, Billy ignore la porte ouverte et préfère prolonger sa sieste. Mais moi, je sors. Je me faufile entre les chevilles. Je n'ai pas peur, je slalome avec aisance, je tiens forcément cette rapidité souple de Papa. Je me retrouve face au studio, j'entends la voix de Maman derrière. Un signal rouge au-dessus de la porte indique que le tournage est en cours et qu'il n'est pas possible d'y entrer. Je patiente. Difficile de s'imaginer que derrière cette petite porte se cachent des dizaines d'ateliers reconstituant des univers différents. Le signal passe au vert, la voie est libre. Je me faufile discrètement. Émerveillement ! Effluves du bois entassé dans l'atelier de menuiserie, de fer ou de tissus comme chez la costumière Anaïs, du temps où Maman avait des petits rôles… Me voilà dans une petite chambre d'enfant des années cinquante. Je la traverse, j'avance, et prends sur la tête une douche phénoménale : reconstitution d'un orage, la pluie tombe depuis le plafond, je déteste être mouillé ! Tremblant, trempé, je flaire enfin Maman, assise avec Benoît dans une voiture immobile… censée rouler. Ils attendent la technique qui finalise quelques réglages pour commencer à tourner. Maman me voit, ses yeux s'agrandissent.

« Qu'est-ce que tu fais là, Gaston ? Qui t'a laissé sortir ? Pourquoi tu es mouillé ? »

Benoît me regarde d'un air à peine étonné, me prend dans les bras et m'installe à leurs pieds.

« Laisse-le près de nous, il ne gêne personne », murmure-t-il.

« Action ! » lance le réalisateur.

La scène démarre. Visiblement Maman et Benoît incarnent un couple peu conventionnel… Ils chantent une chanson incompréhensible aux intonations africaines.

« Stop ! » Marc, l'ingénieur du son, arrête la scène, gêné par « un bruit de ventilation », dit-il. Il s'agite, inspecte la carrosserie, regarde sous la voiture. Maman et Benoît m'observent. Ils ont compris que le bruit de ventilation, c'est moi. Je halète. Certes, de façon régulière et discrète. Mais quand même. Et je suis à deux griffes d'éternuer, car je suis frigorifié. Maman et Benoît sont à la fois gênés et au bord du fou rire. Je suis sorti de la voiture et ramené illico presto à la loge.

J'entends au loin leur rire, je m'assoupis près de Billy.

Maman travaille le jour, Maman travaille la nuit. Je l'accompagne sur le tournage de sa série à condition de ne déranger personne. Elle se transforme en jeune chien fou quand elle se met à jouer. Comme si elle se réconciliait avec son enfance. Je la vois devenir toute petite pour se faufiler dans les mots des autres. Elle porte l'univers d'un auteur, elle s'y coule, elle s'oublie. Elle n'est plus là et je la vois s'épanouir, libérée d'elle-même. Quelle chance ! Elle peut s'évader de son histoire et s'en fabriquer une autre. Nous, les chiens et les non-acteurs, devons nous porter en permanence, sans jamais nous quitter. C'est lourd. Mais Maman, elle, est si libre qu'elle pique parfois des fous rires grandioses avec Guillaume de Tonquédec, son partenaire, qui exulte autant qu'elle.

Comme tout le monde ici, j'ai envie de plaire. Je fais mon regard numéro trois, celui de la séduction. Je suis accepté, adoré par tous. Bon, il faut avouer que sur cette série, je suis bien entouré : Guillaume est sensible, ouvert et généreux. Je suis en confiance avec lui. Les enfants Lepic ont chacun leurs qualités, doués, respectueux, intelligents. Quelle chance de rencontrer cette famille ! Et j'avoue, à contrecœur, que même la famille Bouley est fort agréable… Je confonds un peu la réalité et la série, parfois je pense « Maman Lepic ». J'accompagne partout

MAMAN À MOI

Maman, elle me prend avec elle sur le fauteuil de Suzelle, maquilleuse extraordinaire, dont le rire inonde la pièce de lumière. Avant de tourner, la tension est palpable. Et bien souvent, la loge de maquillage est la pièce où tout se joue. Guillaume et Maman font des « italiennes », ce qui signifie dire le texte sans y mettre d'intention. Lorsqu'ils échangent ces mots de façon neutre, le jeu apparaît malgré eux. C'est un peu comme dans un dîner où les conversations les plus intéressantes se déroulent dans la cuisine. Tout se joue dans l'arrière-cour, au maquillage.

Quand les acteurs commencent à tourner, je m'installe confortablement sur la Dolly, un support de caméra sur roues, qui permet de réaliser un travelling sans à-coups (oui, j'apprends vite, je suis le chien d'une star du cinéma. Il faut s'adapter à la gloire. Question d'habitude.) Avec le réalisateur, je suis le premier spectateur de Maman. Je me régale, j'en apprends beaucoup sur elle. Dans son jeu, elle met son intimité, ses douleurs, ses frustrations, en se cachant derrière les répliques.

Elle les habille d'humour, d'une politesse qui rend heureux et fait tout passer.

Le jeu est un excellent exutoire.

Il m'est même arrivé de faire de la figuration. Je dois dire que je me suis tout de suite senti très à l'aise. Ma scène : Mme Lepic a rendez-vous chez le médecin parce que son fils Christophe, quinze ans, a des problèmes d'érection. Ils attendent dans la salle d'attente pendant que je suis sur les genoux d'une vieille dame qui sent une odeur d'oignons frits. J'observe les figurants stressés dans la salle d'attente parce que l'un a une phrase à dire et l'autre doit s'installer sans faire de bruit. Je suis comme un poisson dans l'eau. Comme si j'étais fait depuis toujours pour l'actorat. Tout est dans la tête. En toute humilité, mon mental de champion n'y est pas pour rien.

***

Demain, Maman part une semaine. Sept jours de tunnel, tapissés de contrariétés. Je n'ai jamais été séparé d'elle aussi longtemps, et puis j'appréhende de rester avec Maria. Quand elle approche sa tête, la laisse à la main, il y a dans son regard une menace et une moquerie que j'ai déjà vues dans les yeux de Zamour. Pourquoi faut-il que les chihuahuas me persécutent ? Je suis perturbé. Je dors mal, fais des cauchemars. J'ai rêvé que Greta conduisait un vélo avec moi dans le panier fixé devant. Elle avait de très longues oreilles de cocker.

J'urine de nouveau dans la salle de bains.

Quand Maman revient, nous sommes à nouveau réunis, je suffoque d'émotion. Ses yeux brillent, ses joues rougeoient (m'est avis que le Vadim qui colore ses joues n'est pas étranger à l'affaire). Qu'importe : elle est tout à moi. Je ne me suis jamais senti aussi proche d'elle. Le moindre geste qui la traverse me traverse aussi. Emplie de projets, d'envies, elle virevolte, bondit. Je suis son rythme, toujours plus proche d'elle.

***

J'accompagne Maman à la présentation du film de Dany Boon, *La ch'tite famille*.

MAMAN À MOI

Dany et moi, on s'entend tout de suite très bien. On se comprend. Lui et moi avons un peu le même mode de fonctionnement : donner de la joie tout de suite, et tout le temps. Bien sûr, il n'a pas mon pedigree de champion, mais ce n'est pas grave, je respecte les humains qui n'ont pas ma chance. Dany me parle, me prend dans ses bras, tient à ce que j'accompagne parfois Maman et l'équipe pour présenter le film dans plusieurs salles de cinéma en France.

Ce soir, nous sommes en banlieue parisienne. La salle est pleine. Quatre cents personnes, c'est impressionnant. Dès que Dany parle, tout le monde rit. Du coup personne ne me regarde, c'est presque vexant. Les gens, hilares, sont rivés sur Dany. Quel étrange rite ! Quatre cents personnes venues s'installer ici pour rire… Ils sont bizarres, ces humains. Si je voulais, moi aussi je pourrais les amuser… Je le fais souvent à la maison, mais je ne sais jamais vraiment pourquoi ni quand ça arrive. Le génie est imprévisible.

MAMAN À MOI

Tiens, cette foule et cette émotion me donnent très envie de... Mais non. J'ai un rang à tenir.

Maman tient le micro, elle parle du film. De salle en salle, et pour la promo, les acteurs répètent souvent la même chose. Je suis un peu lassé d'entendre les mêmes mots. Et puis Maman ne fait plus attention à moi. Que le public ne regarde que Dany, passe encore. Mais que Maman m'ignore, c'est intolérable. La voilà qui sourit à la salle, bouge les mains, je sens un frisson de joie dans la foule. Mon stress monte, s'empare de mes membres, je ne contrôle plus rien. Je me mets à courir sur la scène, en dessinant de grands tours autour de l'équipe. Je vois les yeux paniqués de Maman, ils me disent : « Non ! Non ! »

Je ne l'écoute pas, continue ma course. Les gens rigolent. Seul Dany me suit des yeux avec une mine perplexe, dans l'effort de me comprendre sans me juger. Il a vraiment la réaction d'un ami. Pour le remercier, je m'arrête net devant lui et lui dépose un merveilleux cadeau. Grand silence. Tout le monde a les yeux rivés sur moi. Puis Dany prononce une phrase sans doute très drôle car j'entends la foule gronder, rouler de rire, presque à faire peur, comme le vent dans les arbres autour de Fontainebleau. Est-ce de moi que l'on rit, peut-être ? Tout le monde me regarde et me montre du doigt. Qu'ai-je fait ? Je me tourne vers Maman. Elle doit être fière de moi parce qu'elle est rouge comme les sièges des fauteuils. Quatre cents personnes se bidonnent. Tout ce bonheur lui donne chaud, la pauvre. Elle se lève, ramasse avec grâce mon cadeau et dans un grand sourire quitte la scène. Je l'accompagne, coincé entre son bras gauche et sa hanche, car de l'autre main elle arbore fièrement mon cadeau. Un peu déçu de devoir déjà quitter mes nouveaux amis, car quand même, quel talent : on n'a regardé que moi.

Avec son nouvel argent, Maman a acheté une maison en Normandie. Quand elle prononce le mot « Nor-man-die », elle y met tant de gourmandise... Cette nature est vallonnée, inattendue, parsemée de pommiers, aussi poétique l'hiver que l'été. Le paysage normand n'est jamais là où on l'attend. Il pleut quand il doit faire soleil, ou le contraire. Mais la pluie est toujours belle (et c'est moi qui dis ça, alors que je déteste être mouillé). Un paysage authentique, vivant, le contraire d'une carte postale où le soleil fige la nature.

Bref, je me sens désormais normand. Nous retrouvons la maison de lierre, de chèvrefeuille, de roses autour des portes. Je sais exactement quand on s'apprête à partir. Maman se réveille, prend son petit déjeuner et déjà, je sens son énergie différente. Je renifle un sourire dans sa façon de marcher. Son rythme n'est pas le même, sa manière de prendre les objets est plus légère. Sa façon de me dire bonjour : paisible, ouverte à la joie. Il y a tout dans un « bonjour », qui est bien plus qu'une banale civilité. Certains ont l'air de souhaiter une mauvaise journée quand ils disent « bonjour ». Celui de Maman promet du bonheur. Elle ne s'en rend pas compte, mais je sais qu'elle est heureuse.

J'aime arriver dans cette maison. Il y a tellement de Fontainebleau ici. Je reconnais la vieille musique qui narguait mes narines quand j'étais avec Greta, chez Nadine. Les fumets de la terre, dont je sens le moelleux froid sous mes coussinets. Toute une variété de nouveaux parfums : des odeurs sucrées de fleurs sublimes et inconnues, des piquantes et fraîches de plantes vertes. Un ruisseau frais dans lequel je lape fait rejaillir des milliers de souvenirs d'humidité, de champignons, de pierres... Tout ce dont je rêvais petit, je peux enfin le vivre. Courir après les mouches, les papillons. Découvrir des choses que je n'avais encore jamais vues, comme les coquelicots. C'est tellement beau un coquelicot, et si fragile. Si on le touche, il meurt. Un jour, sa couleur m'a tellement attiré que j'en ai embrassé un. Il s'est éteint devant mes yeux. J'ai mal dormi cette nuit-là. J'ai encore fait de mauvais rêves : une ribambelle de petits coquelicots s'approchaient de moi et me demandaient si je n'avais pas vu leur maman… Depuis, je reste des heures à observer leur beauté mais je ne m'en approche plus. J'admire les autres couleurs du printemps, le rose des hortensias, le jaune des pissenlits, l'orangé de la capucine, le pourpre de l'érable. Libre et sans laisse, tous mes sens sont en alerte.

Ma grande satisfaction est d'aboyer contre les insectes, les oiseaux et les renards, mais surtout contre ces deux grands animaux qui viennent manger l'herbe de Maman l'été : les ânes. Ces deux-là s'appellent Bonie et Reine. Mais moi je les appelle les ânes. Parce qu'ils m'énervent. Ils vivent dans le champ d'à côté. Maman m'empêche de les approcher, mais dès qu'elle a le dos tourné, je m'approche et leur aboie dans les oreilles. Ils doivent comprendre que je suis le seigneur de la forêt. Ce domaine est à moi. Je cours, partout, à en perdre la tête. J'appelle Lucy pour qu'elle joue avec moi. Je suis déjà dans le pâturage. Mais que fait cet âne ? Pourquoi me fixe-t-il comme ça et baisse-t-il la tête avec ce regard mauvais ? C'est gênant. Il est bizaaaarre ce Bonie, il devrait paître l'herbe comme sa copine Reine. Mais qu'est-ce qu'il a ? Il avance vers moi ? Je n'ai pas peur. Je suis grand et je suis plus fort que lui, l'âne le sait. Je ne bouge pas. Mais il est siphonné ! Il fonce droit sur moi ! Il va si vite que je n'ai pas le temps d'aboyer. Je reste sans voix. Maman me fait de grands signes. Qu'est-ce qu'elle veut ? Le temps d'esquisser un mouvement vers elle, et c'est le trou noir.

Les sabots des ânes. Un tourbillon de trophées avec mon père dessus. Un pâturage humide et glissant. Les coquelicots qui se moquent de moi.

MAMAN À MOI

Une grande lumière. Je n'entends plus rien.

Je suis dans les bras de Maman. Je veux me blottir contre elle mais je ne peux pas. Mon corps entier refuse. Il est devenu inerte, du carton-pâte. Même bouger une oreille, ce n'est pas possible. Je comprends. Je suis mort. Mon corps est mort. Mon âme est là. C'est maintenant que ça arrive. C'est fou. Est-ce que j'ai rempli ma mission ? Maman et les enfants m'ont comblé, c'est sûr. Mais moi, les ai-je rendus heureux ? Ai-je réparé Maman ? Beaucoup d'images me reviennent. Le banc en face de l'école sur lequel elle et moi attendions les enfants ; un pique-nique dans le Fontainebleau de Paris, où j'ai piqué le saucisson entier de Mme Schnaps, notre voisine (Maman était tellement gênée) ; les Apéricube derrière l'armoire vitrée, au supermarché ; le pas de Nana dans l'escalier... C'est maintenant que ça arrive. Je suis mort. Je me revois aussi, blotti contre Greta, ou glissant sur le ciment avec mon frère et renverser la gamelle d'eau. Des effluves de l'haleine gênante de Nadine remontent aussi, nd elle me disait près de ma truffe, « Il ~~ choupinou le toutou ». Les grands yeux de Maman vont terriblement me manquer. Pourquoi ne lui ai-je pas dit avant de mourir ? Surtout, Maman, continue, ne t'arrête pas en chemin parce que je suis parti. Si tu vis, je ne regretterai rien, ainsi va le véritable amour. Rencontre un autre chien, je le comprendrai parce que je t'aime. Je ne parle pas de Vadim, bien sûr. Poursuis ta route avec l'excellence, un bichon maltais de préférence, poil bouclé parce que c'est beau, et que la beauté marche souvent avec la puissance, mais je t'en prie, pas de chihuahua à poil ras. Non pas que j'aie un problème avec la différence physique, mais les chihuahuas à poil ras, je les trouve sournois. Ce serait ma seule réserve. Je suis mort.

Je sens pourtant toujours l'odeur de Fontainebleau. Et j'entends les bruits. En particulier la voix de Maman.

« Mon chien, ne pars pas. Tu as toujours été là avec nous. Tu nous as consolés. Tu m'as empêchée de trop penser, surtout quand je devais presque chaque jour nettoyer ton urine dans la salle de bains. Mais je te comprends. Tu es un émotif. Tu me ressembles. Les chiens ne font pas des chats. Et puis de tous les acteurs que je connais, tu es celui qui a la plus éclatante présence. Ce n'est pas un compliment, c'est un constat. Tu bouffes l'espace, Gaston. Tu es un grand.

Tu ne bouges plus ? Gaston ? Mon chien ? Mon chien à moi ?

Reste là, j'ai besoin de toi et Nana aussi, et Stan encore. Et Lucy qui m'a annoncé hier qu'elle voulait un anneau dans le nez... Je crois qu'une adolescence difficile nous attend. Ne me laisse pas. Il faut que tu m'aides et que tu lui parles. Mon chien à moi ? »

Je sens que ça coule sur mon poil. Je sens donc je suis. Je vis. Je suis vivant ! Ça coule, je sens, je renifle, je vis. Maman répète : « Mon chien, mon chien ». J'entends Lucy pleine de courage qui me prend dans ses bras, m'amène à Valère, un ami du coin qui connaît très bien les animaux. Il dit à Maman et Lucy de ne pas s'inquiéter. Il commence à me masser. Il est sympa, Valère, en attendant je suis toujours du carton-pâte. Il continue patiemment de me palper le dos, la nuque, les pattes. Maman et Lucy ne parlent pas. Petit à petit, je me détends. L'énergie ravive mes muscles. Valère me pose au sol. Je marche. Je tangue un peu mais je n'ai rien. Aucune douleur.

« Un miracle ! Il a surtout eu très peur. Maintenant, il ne s'approchera plus des ânes ! » s'exclame mon masseur.

Lucy et Maman me câlinent comme jamais et remercient mille fois Valère.

De mon côté, je fais comme si rien ne s'était passé. Je reste fier et orgueilleux. Surtout ne pas montrer que j'ai eu peur. Je regarde les yeux de Maman et j'y vois une ombre. L'ai-je déçue ? Elle a vu la scène. Elle sait que, face à un âne, je ne fais pas le poids. Ma mission de protecteur est compromise. Quelle humiliation ! Et si elle ne se sentait plus en sécurité avec moi ? Et si elle m'échangeait avec l'âne ? Quel cauchemar. Pense à autre chose, Gaston, aux croquettes, à un Apéricube, à n'importe quoi, ou tu vas couler. Et si je rentrais à Paris et trouvais l'âne dans mon panier ? Je me méfie de lui, il n'est pas franc du collier. Il est capable de tout mais surtout de séduire Maman pour prendre ma place.

En attendant, je garde mes distances avec l'âne.

Le soir même, lorsque je somnole sur le canapé, épuisé, j'entends Stan et Lucy qui font leurs devoirs, le feu qui crépite, Truffe qui mange. Maman qui passe l'aspirateur. Dire que j'ai failli perdre ces bonheurs.

**

Donc, Vadim est l'amoureux de Maman.

Je n'oublierai jamais le jour où il est entré dans notre vie. Ce même jour, j'ai découvert les huiles essentielles.

Je suis allongé sur la terrasse de la maison normande, sur le transat de Maman. C'est ma place. Je ne la partage avec personne, sauf avec elle. Maman ne me dérange jamais.

Je m'étale au soleil, tandis que des oisillons se disputent un asticot ramené par leur mère.

Claquement d'une porte de voiture.

MAMAN À MOI

Il est arrivé en offrant à Maman un bouquet de Fontainebleau. Absurde, il y en a plein dehors. Maman a l'air bouleversée de voir ce bouquet. Elle est bizarre, Maman. Ce n'est que du Fontainebleau.

« Huuuum, tu sens bon, susurre Maman. (Glups. Un compliment qu'elle ne m'a jamais fait.)

— C'est un mélange d'huiles essentielles à base de fenouil et de ravintsara », répond Vadim avec désinvolture.

Je hais tout de suite cette odeur. Autant dire que c'est un repousse-chien.

Voilà Maman qui rit sans raison. De toute façon, depuis qu'il est là, elle est bizarre. Elle ne me voit plus, bouge étrangement son corps en faisant des sortes de vagues et dit des choses qui n'ont pas de sens comme « je mangerais bien des frites ».

Ils sont sur la terrasse. Vadim s'allonge sur MON transat. Maman a remis son pull bleu. Je reconnais les mêmes étincelles et les fruits de mer dans ses yeux. C'est donc bien lui, l'homme du déjeuner, le rougeoyeur de joues. En plus, il sent le fenouil. Il m'énerve.

Je fonce vers lui et tente de le repousser. Je sors les crocs, gronde, je mets toute la fureur de ma stature. Rien. Vadim ne m'a même pas vu. Je me jette de tout mon poids contre son mollet. Arrière, barbare ! Tu ne passeras pas les frontières de mon royaume ! Incline-toi devant ton maître !

Rien. Vadim et Maman discutent en se regardant droit dans les yeux, avec chacun un sourire niais.

Comme je souffre. Je crois que je vais pisser. Non, je reste. Un empereur ne quitte pas le champ de bataille. Ils n'arrêtent plus de parler, une discussion haute en couleur pleine de ruptures, de temps suspendus, de passion sans raison, de braises aux joues, de tension dans le corps… Mais qu'arrive-t-il à Maman ? Suis-je en train de la perdre ? Je me colle contre elle. Elle me caresse avec négligence, envoûtée par le sourire de Vadim. Solitude, désespoir ! Je m'allonge à ses pieds, écrasé de tristesse, regarde autour de moi. La maison a changé. La table du salon est plus étroite. Les fauteuils trop hauts. L'odeur de feu de bois est contrariée par les huiles essentielles. Je préfère fermer les yeux et dormir pour oublier.

Je suis réveillé brutalement par sa voix : « Tiens, tu as un chien ? Il est marrant, il est petit. »

« Il est marrant. »

« Il est petit. »

Alors que sans moi, Maman serait en mille morceaux. Que j'étais là bien avant lui, aux avant-postes, vigie et roc dans la tempête. Je suis très énervé.

Si je résume, Vadim est beau, grand, fort et surtout fait rire Maman. Ça me contrarie profondément. Le rire, c'est quelque chose qui me fait peur. Peut-être parce que je ne peux pas le donner à Maman, le partager. Je me sens seul quand Maman rit. Et quand elle rit avec Vadim, c'est pire. Je me sens exclu. Avec lui, elle a un rire que je n'ai jamais entendu, qui ne lui ressemble pas, un rire bête, ou plutôt humain.

« Il est petit. » Cette phrase, je ne la digère pas. Dès que je suis énervé, j'ai envie de manger un œil, c'est plus fort que moi. Je regarde Vadim dans les yeux et je ne lâche pas. Il n'est pas tranquille. Il sait qu'au moindre faux pas il sera borgne. Maman trouve mon comportement étrange, elle me retire du canapé et me demande de rejoindre mon panier là-haut. Visiblement, manger un œil n'est pas permis. Un jour ou l'autre je lui attraperai le mollet, et je lui planterai le peu de crocs qu'il me reste (avec les années, le tartre ne m'a pas épargné). Mais les dents qui me restent sont assez convaincantes. Acérées, redoutables.

Vexé, je monte dans la chambre. Ô joie, de voir le lit de Maman parfaitement fait, avec les coussins qui invitent à la volupté, la propreté et la douceur des draps... J'hésite, je tourne autour, je sais que c'est interdit. À cet instant, j'entends Maman rire à gorge déployée. Je déteste décidément ce rire. L'agacement déclenche en moi une violente envie de pipi. M'en fiche. La guerre est déclarée. Je monte sur le lit de Maman, lève la patte et urine en plein milieu, exactement à équidistance des deux oreillers. Une bissectrice d'urine dans un triangle équilatéral dont les sommets sont l'oreiller A et l'oreiller B. Je prends tout mon temps, Dieu que j'avais à évacuer... Vadim saura que je suis là. Il apprendra aussi ma devise, « Petit format, maxi dégât ». Je n'aurai aucune pitié pour sa défaite.

Et discrètement je rejoins Maman et Vadim en bas, près de la cheminée. C'est lui qui s'esclaffe maintenant.

Rira bien qui rira le dernier.

La soirée avance. J'ai rendu les armes, trouvé un coin sur le canapé, et je roupille. Lorsque soudain, un cri. Un hurlement plus précisément. On dirait une poule d'eau en détresse. C'est Maman. Elle exagère toujours. Elle devrait être fière, au contraire. Je marque mon territoire.

Elle descend les escaliers. Je vois sa tête. Ah oui, elle n'est pas contente... Je reconnais l'orage de Fontainebleau dans ses yeux. Stratégie de repli : très doucement, en gentleman farmer, je longe discrètement les murs et me faufile vers le jardin. Maman m'appelle mais ne me trouve pas. Je suis chez le voisin. Héhé.

Vadim et Maman me cherchent depuis un bon moment. Ils ne rient plus maintenant. J'ai gagné.

***

C'est une belle matinée d'été. Nous sommes tous les trois allongés sur le canapé, au comble du bonheur. Je suis envoûté par les couleurs, les formes et les sons de la télé. Maman dit toujours que rester collé près de l'écran trop longtemps peut rendre abruti à vie, je l'écoute, je me détourne et m'assoupis. Je suis rapidement réveillé par une voix familière. Autoritaire, avec des inflexions aiguës en fin de phrase, pour y injecter de la joie, mais on sent bien que ce n'est pas vrai. J'ouvre les yeux, regarde l'écran et reconnais tout de suite Nadine. Elle tient contre elle un chien incroyablement laid. Un bichon frisé sophistiqué, taillé en forme de nuage, un peu comme le buisson devant la maison. Ce chien ressemble furieusement au portrait du bichon frisé accroché au mur du salon de Fontainebleau, au-dessus des trophées. Nadine a cessé de parler à la caméra, elle se tourne vers un homme qui lui remet une coupe, justement comme celles du buffet de Nadine.

L'homme clame : « Le prix est décerné à Gigi de Clermont-Tonnerre. »

C'est un choc. La phrase résonne dans ma tête. C'est Papa. J'en suis sûr. Surgie des tréfonds de ma mémoire, j'entends la voix de Nadine, un jour, qui avait prononcé ce nom. Papa ! C'est Papa ! Je jappe, je couine, je tourne autour de l'écran. Ce héros, cette vaillance ! Papa ! c'est moi ! Je suis là ! Regarde-moi ! Je m'approche tout près de la boîte en gémissant et remuant la queue, je sais bien que Papa ne peut pas m'entendre, mais quand même, on ne sait jamais.

Lucy peint, Stan bricole une machine artisanale à lancer des patates (un « Patator »), Maman cuisine en chantonnant : que d'indifférence pour cette exceptionnelle révélation ! J'aboie. Personne ne tique. Je regarde avec attention l'écran. C'est un très vieil extrait, car dans mon souvenir Nadine avait plus de rayures sur la peau. Elle prend le micro.

« Quelle émotion, pour moi, de voir Gigi recevoir ce prix de beauté. C'est inespéré, pour Gigi et pour la réputation de mon élevage, car atteindre un tel degré de grâce demande beaucoup de sacrifices. Merci du fond du cœur. »

Elle s'éloigne avec Papa en emportant la coupe et une enveloppe.

Je reste abasourdi. Il n'y a plus de Papa. Plus de prix de beauté. C'est maintenant une publicité avec une fille dénudée qui vante les qualités d'un fromage. D'ailleurs, la fille ressemble à Héloïse, l'actrice sûre d'elle, avec laquelle Maman avait tourné... Je prends conscience que Papa est champion de beauté. Pas de courses, ni de saut à l'élastique. Il n'est pas une vedette de croquettes, ni secouriste en haute montagne... C'est un champion parce qu'il est taillé comme un buisson. C'est absurde et comique. Si je pouvais rire, je rirais. Quelle immense déception.

Je hais cette Nadine qui s'est servie de Papa. Elle n'a rien compris à la vie, la pauvre. Elle est idiote. Ou « bête » comme ils disent. (Les humains ont décrété que le manque d'intelligence s'apparentait à l'animal. Pauvre d'eux. Ils vont mourir, et parce qu'ils en ont conscience, ils oublient de vivre en accord avec les autres. Ils sont sûrs qu'en profitant des autres, ils profiteront de leur vie de mortel. Bref, Nadine a exploité Papa.)

En vérité, Papa est un champion d'avoir résisté à la stupidité de Nadine.

Lucy a éteint la télé. Rempli de tristesse, je plonge dans un sommeil profond. Et voilà qu'un bruit strident me réveille. Il n'y a donc aucune âme charitable pour me laisser reposer en paix ? Quelqu'un sifflote un air insupportablement joyeux. Qui ose me réveiller, moi qui me prépare à couler des jours tranquilles tant mérités ?

Je m'approche de la fenêtre.

C'est Vadim qui prépare un barbecue. Il prend ses marques. Il se sent chez lui. Je ne comprends pas. Il devait partir hier soir. Il est encore là ? Je regarde Maman pour qu'elle me donne une explication, elle me répond par le même sifflement. Agaçant. Depuis qu'il est là, je n'ai jamais été aussi éloigné de Maman, je me sens petit, inexistant. Alors je dis non. On ne laisse pas un joyau comme Maman se faire chaparder comme la première entrecôte venue. Je reprends du poil de la bête.

Je regarde Vadim derrière la vitre.

« Un jour, je t'aurai. »

Remerciements

À la rare Clara Dupont-Monod qui par son talent, sa confiance, son humour m'a permis d'écrire ce livre.

À Marc Dugain qui a pensé que je devais rencontrer Clara.

À tous ceux que j'aime, à commencer par mon trésor de chien, Gaston. Ainsi que Joseph, Marguerite, Édouard, Bertrand, Angélique, Nicole, Suzelle, Agathe, Géraldine, Carine, Grégory, Marie, Estelle.

Imprimé en France par
CPI BUSSIÈRE (18200 Saint-Amand-Montrond)
en août 2022

pour le compte des Éditions J.-C. LATTÈS
17, rue Jacob – 75006 Paris

JC Lattès s'engage pour
l'environnement en réduisant
l'empreinte carbone de ses livres.
Celle de cet exemplaire est de :
350 g éq. CO_2
Rendez-vous sur
www.jclattes-durable.fr

PAPIER À BASE DE
FIBRES CERTIFIÉES

N° d'édition : 01 – N° d'impression : 2066645
Dépôt légal : septembre 2022
Imprimé en France